Présentation.

Adulte Livres à colorier dans un engouement de plus en plus rapidement dans le monde. Fun Dans le monde moderne d'aujourd'hui, les gens sont à la recherche de débrancher partir de leurs téléphones, les tablettes et les ordinateurs, et faire quelque chose de simple et. Coloriage pour les adultes est un grand soulagement du stress et il vous aide à être calme après une journée mouvementée. Avec les mandalas n'y a aucun moyen tort ou à droite pour les colorer. Il suffit de choisir les couleurs qui viennent à l'esprit et avoir du plaisir. Il est vraiment bien facile et amusant. Utilisez des crayons de couleur, pastels, crayons, marqueurs, même l'aquarelle! Seule votre imagination peut courir sauvage et se sentir libre d'expérimenter avec différents médiums. Si vous avez apprécié ce livre de coloriage s'il vous plaît laisser un commentaire sur Amazon, ou partout où vous avez acheté le livre. Pour en savoir plus à propos de Coloring Books autres, s'il vous plaît visitez notre site Web à: http://www.ColoringforGrownUps.net. Merci encore une fois, profiter de la livre et amusez-vous!

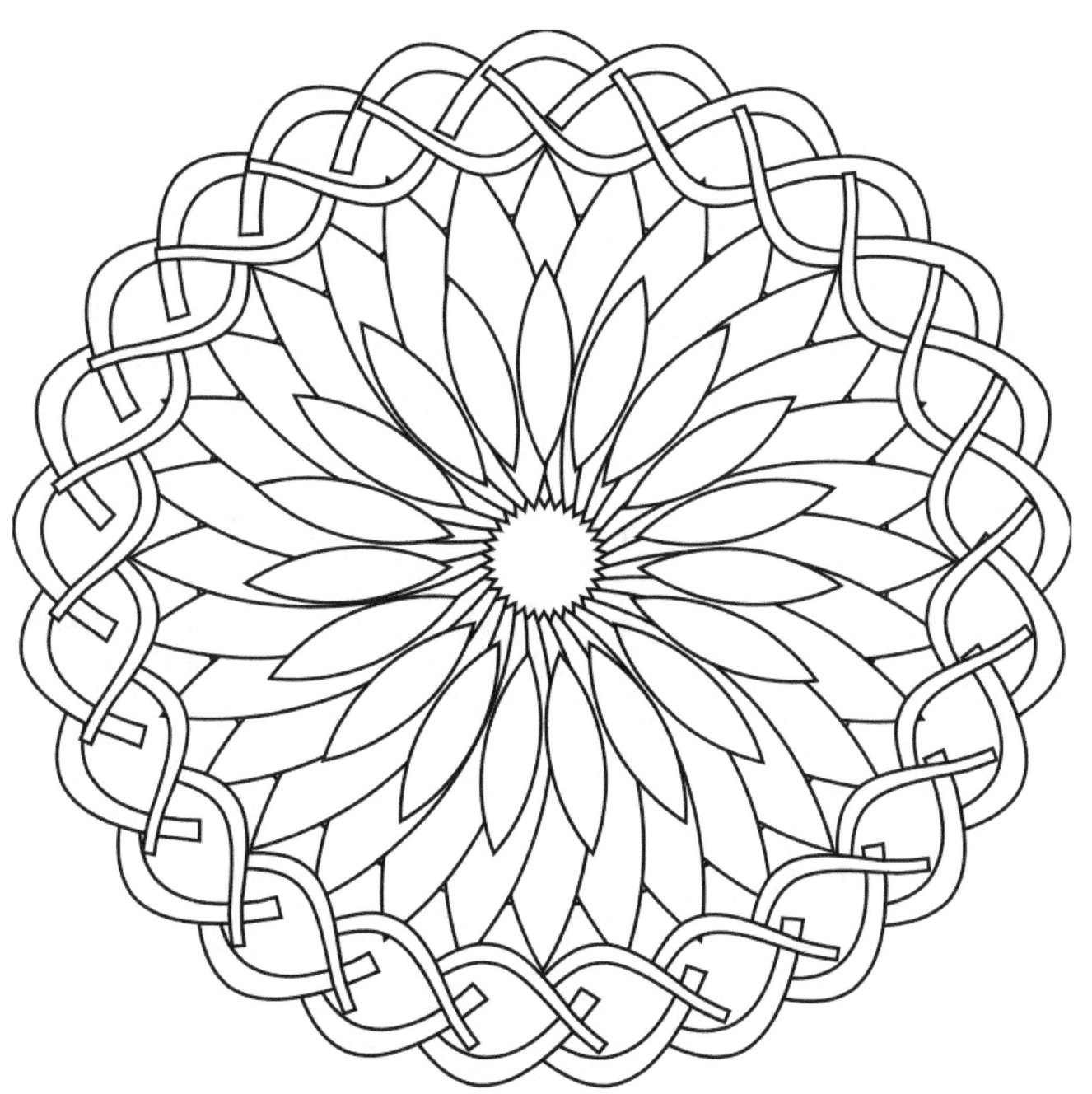

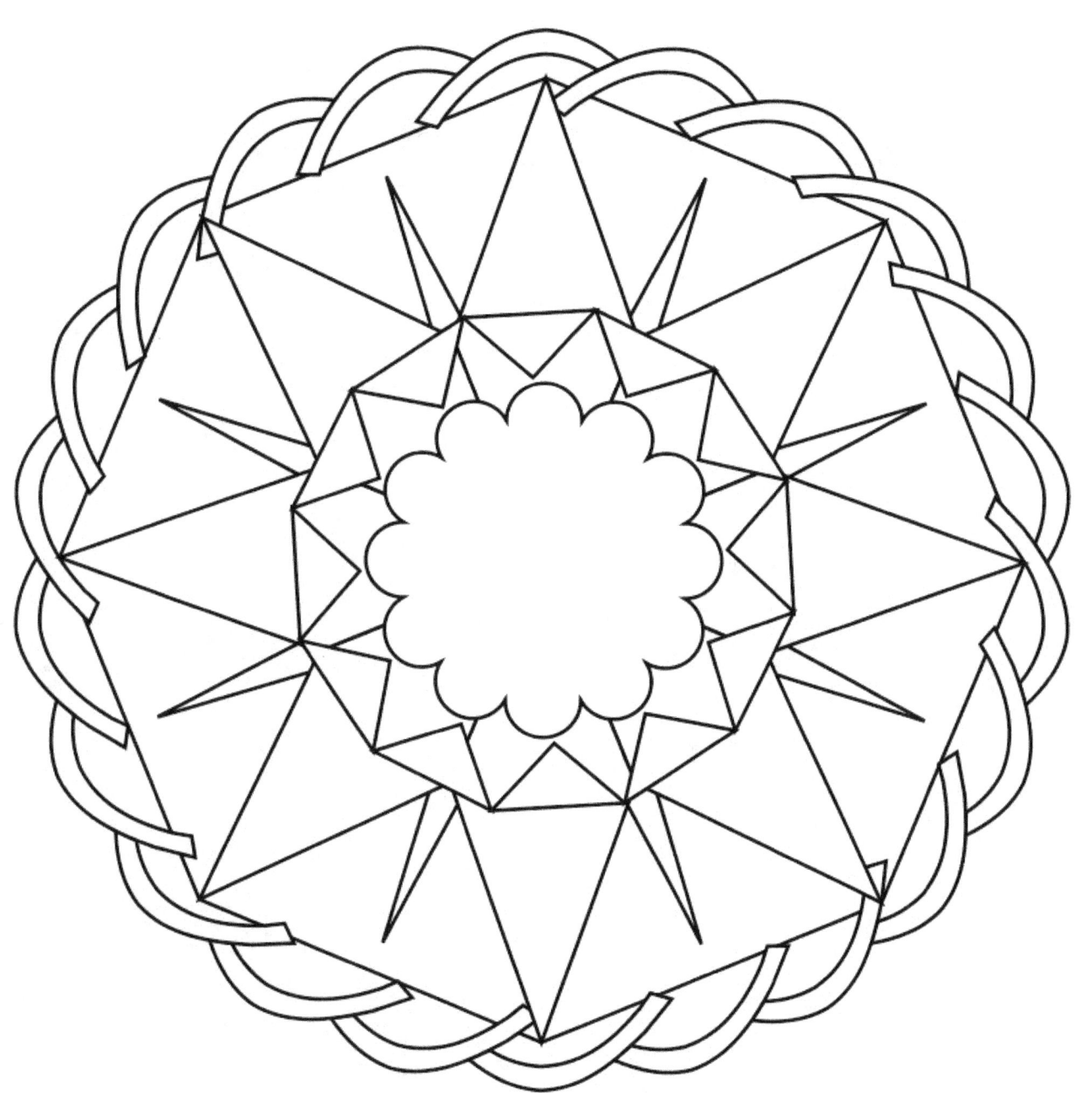

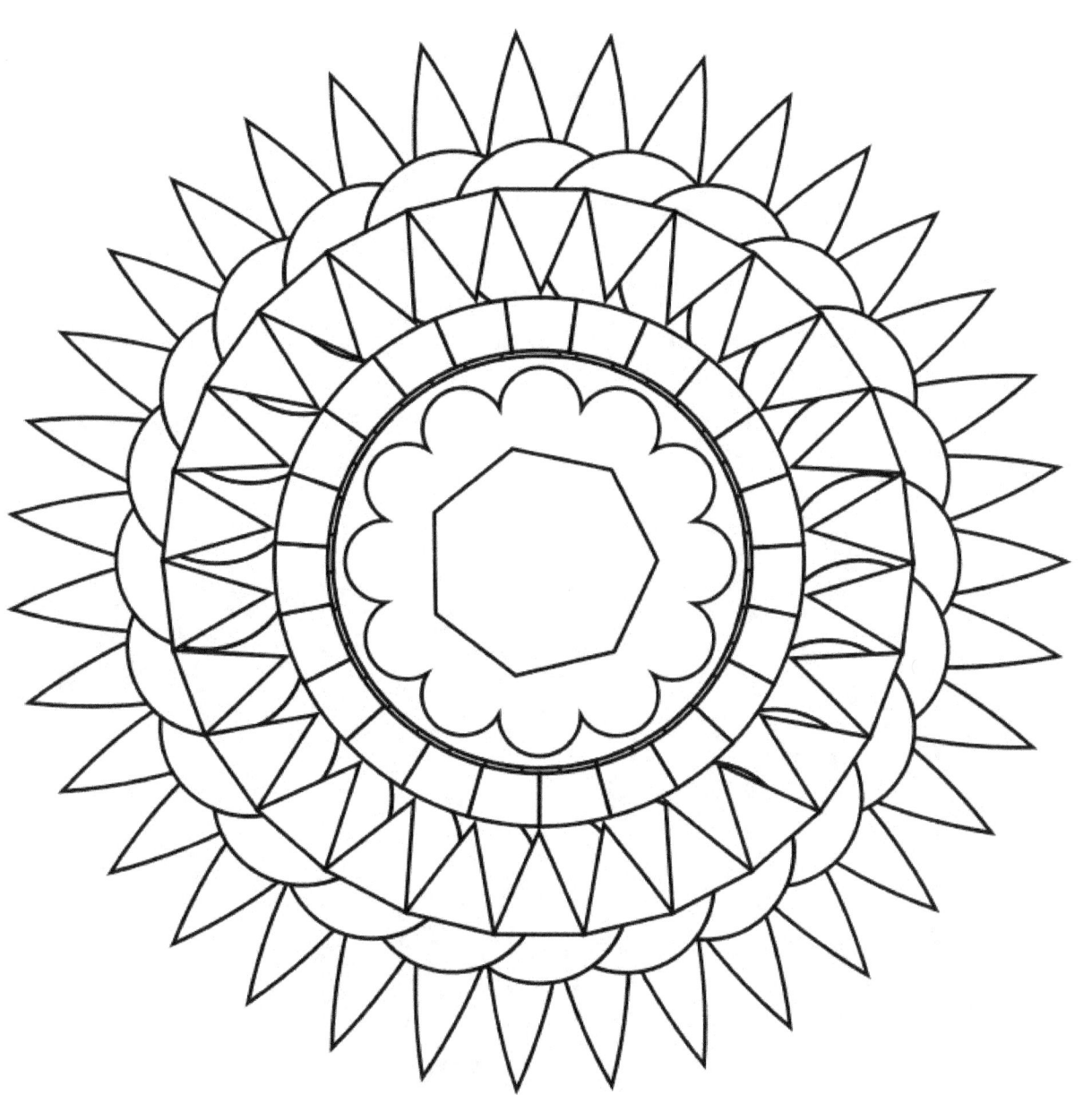

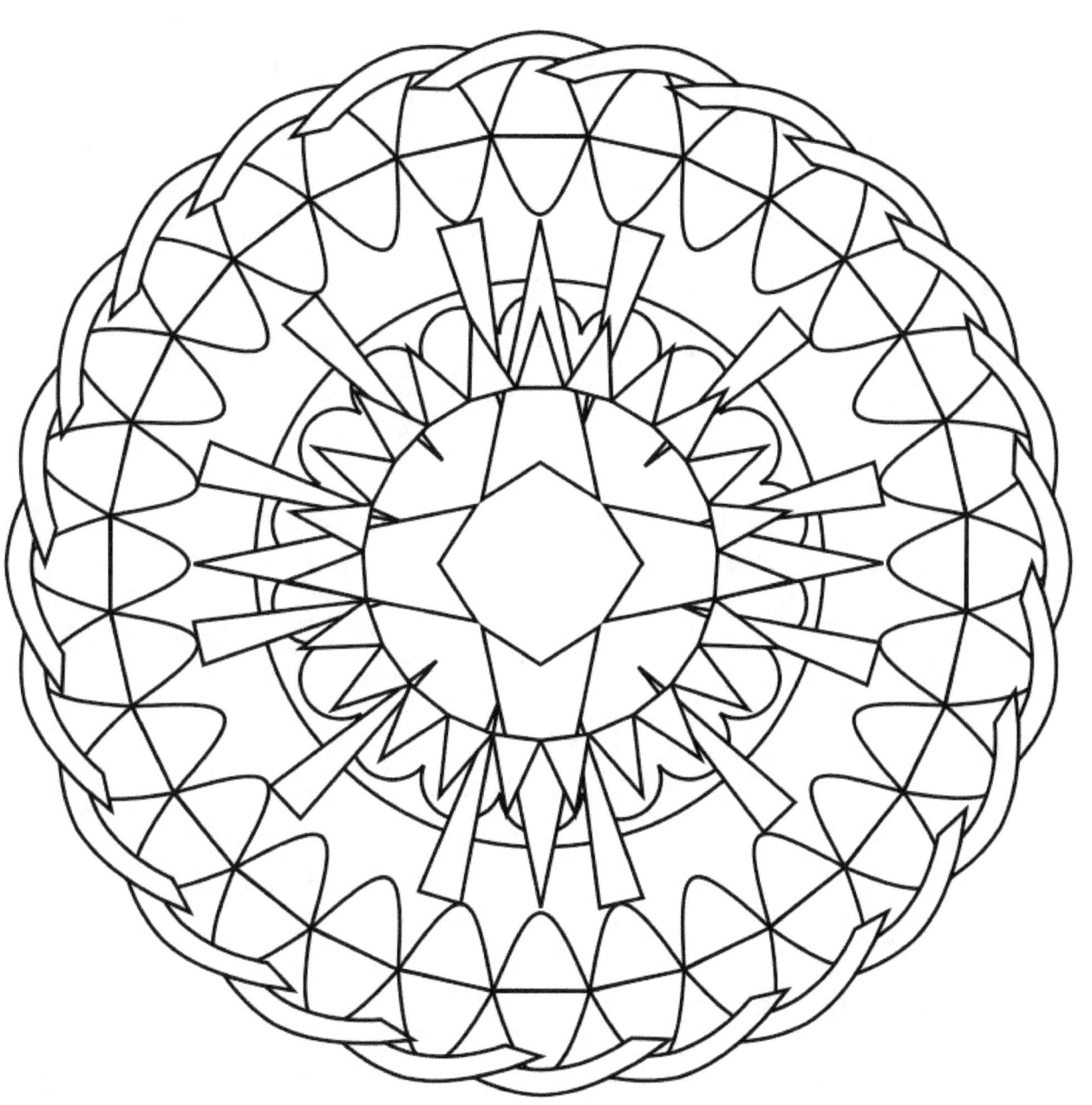

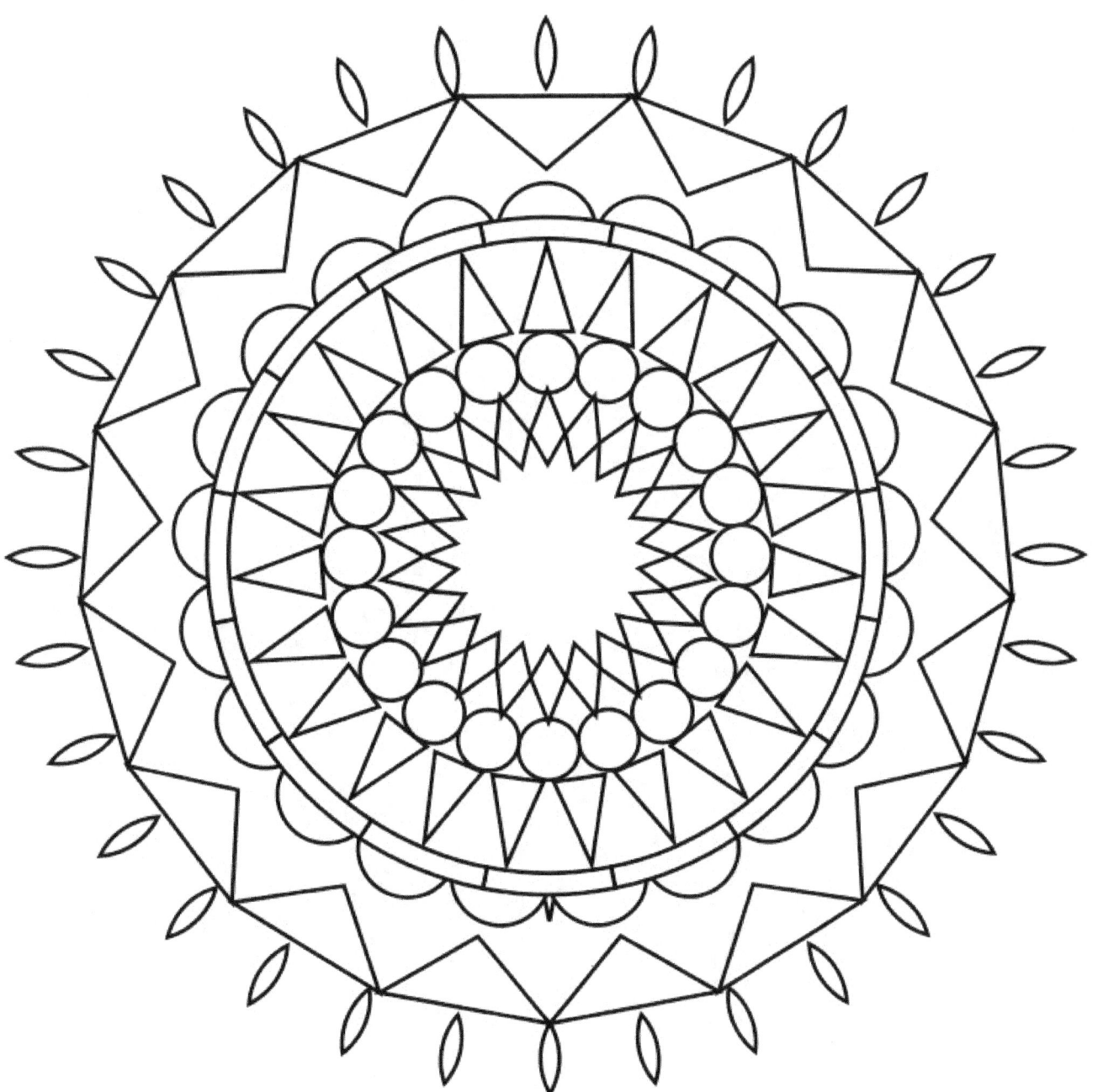

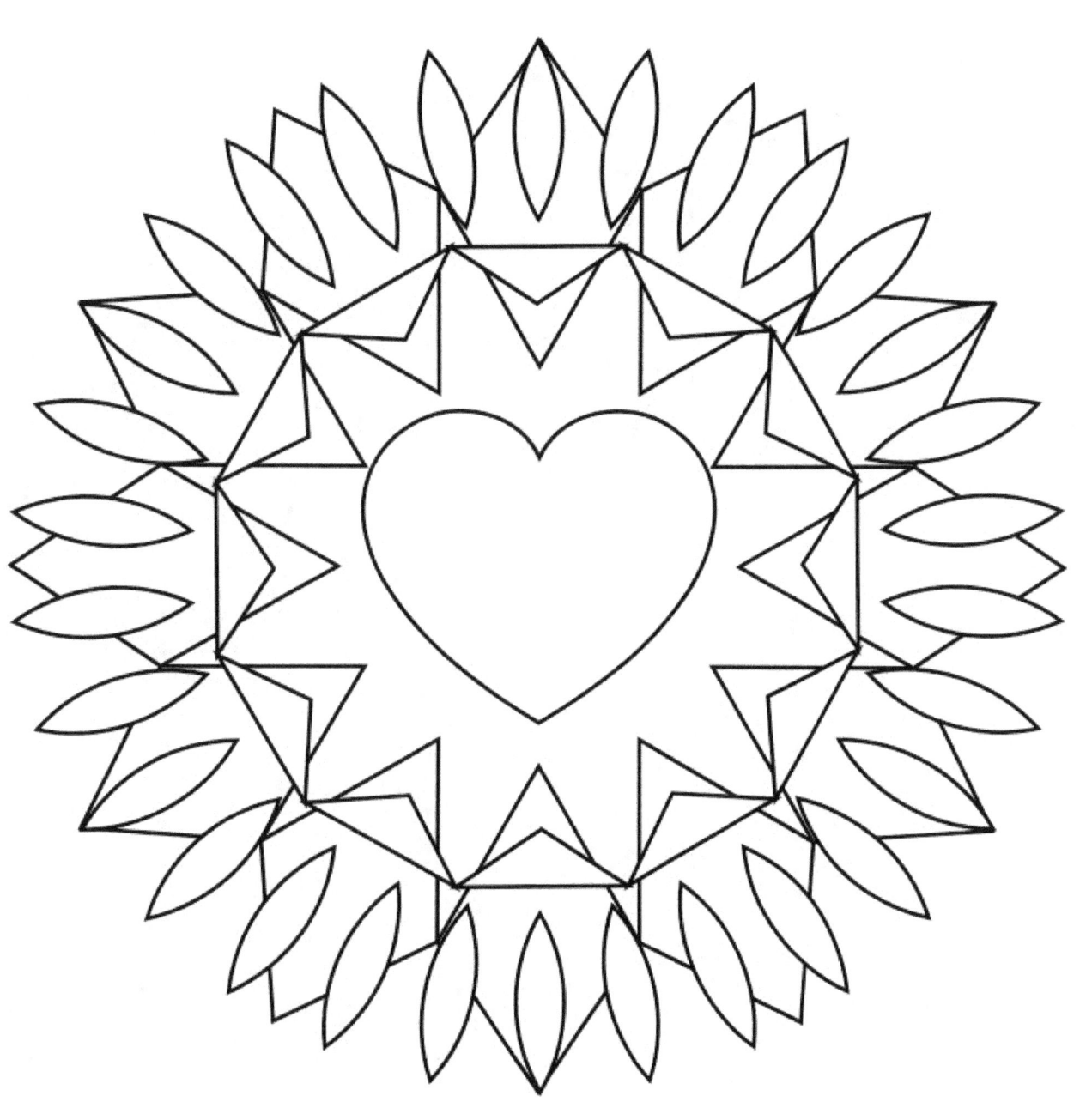

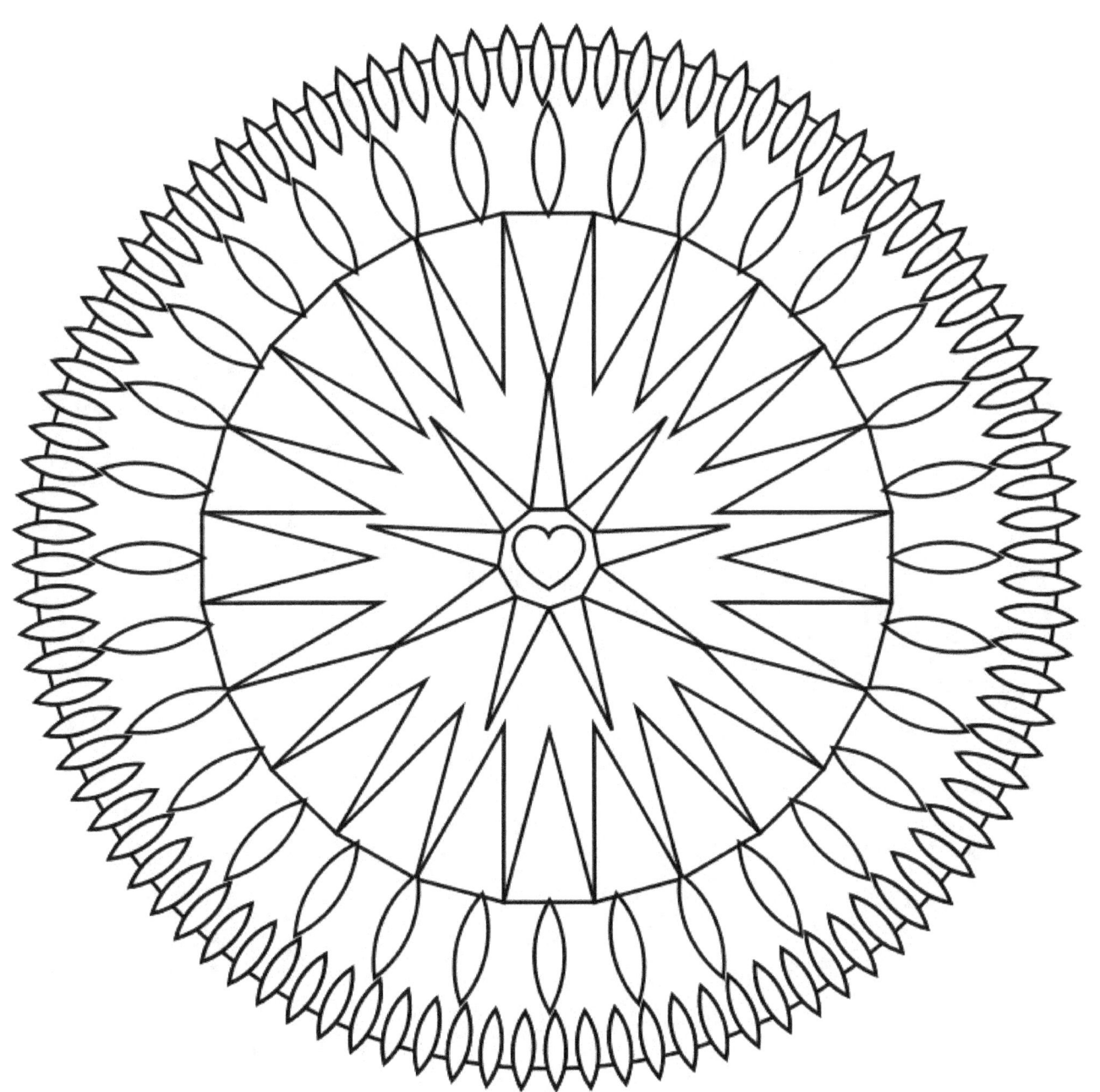

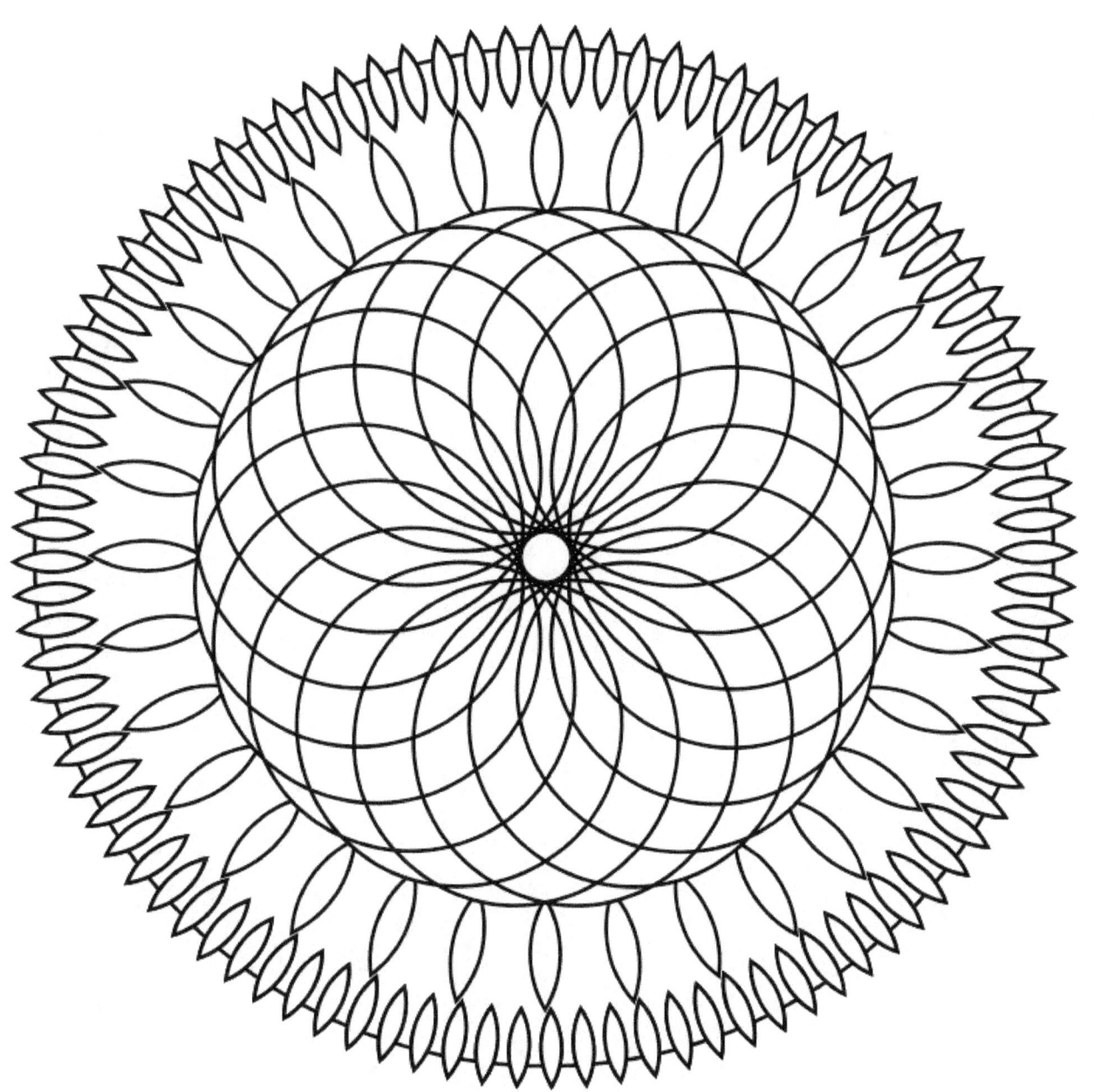

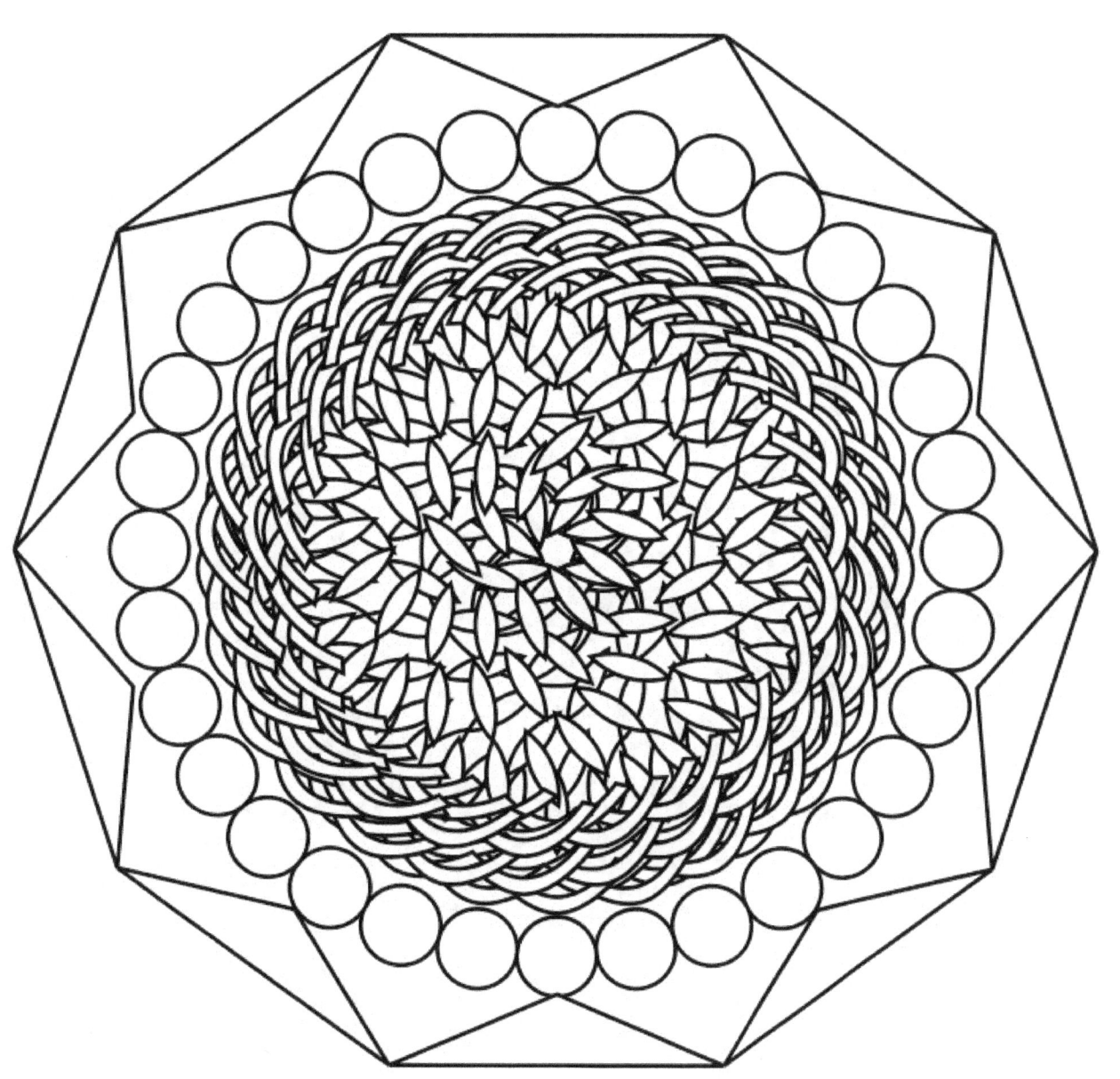

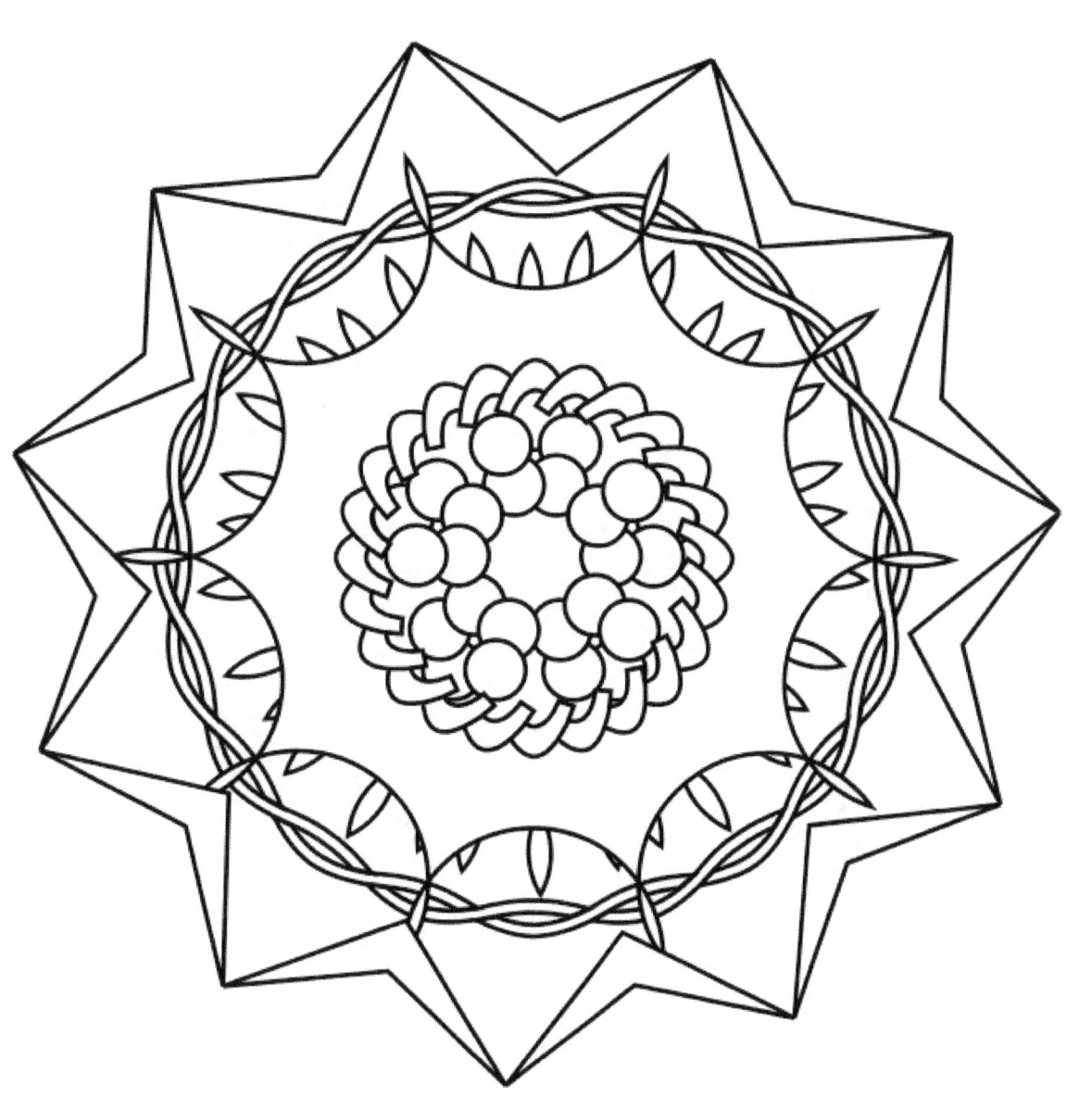

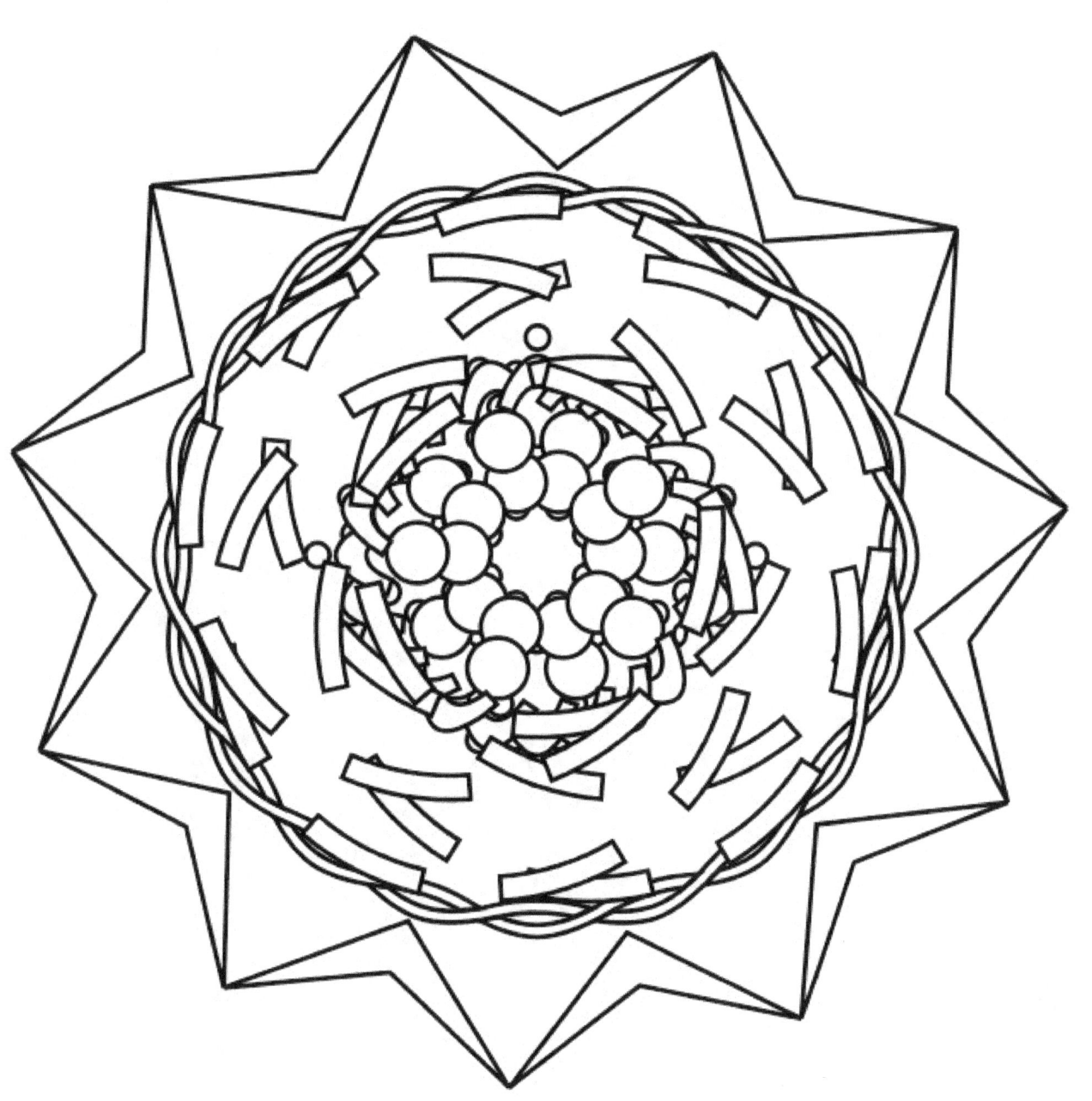

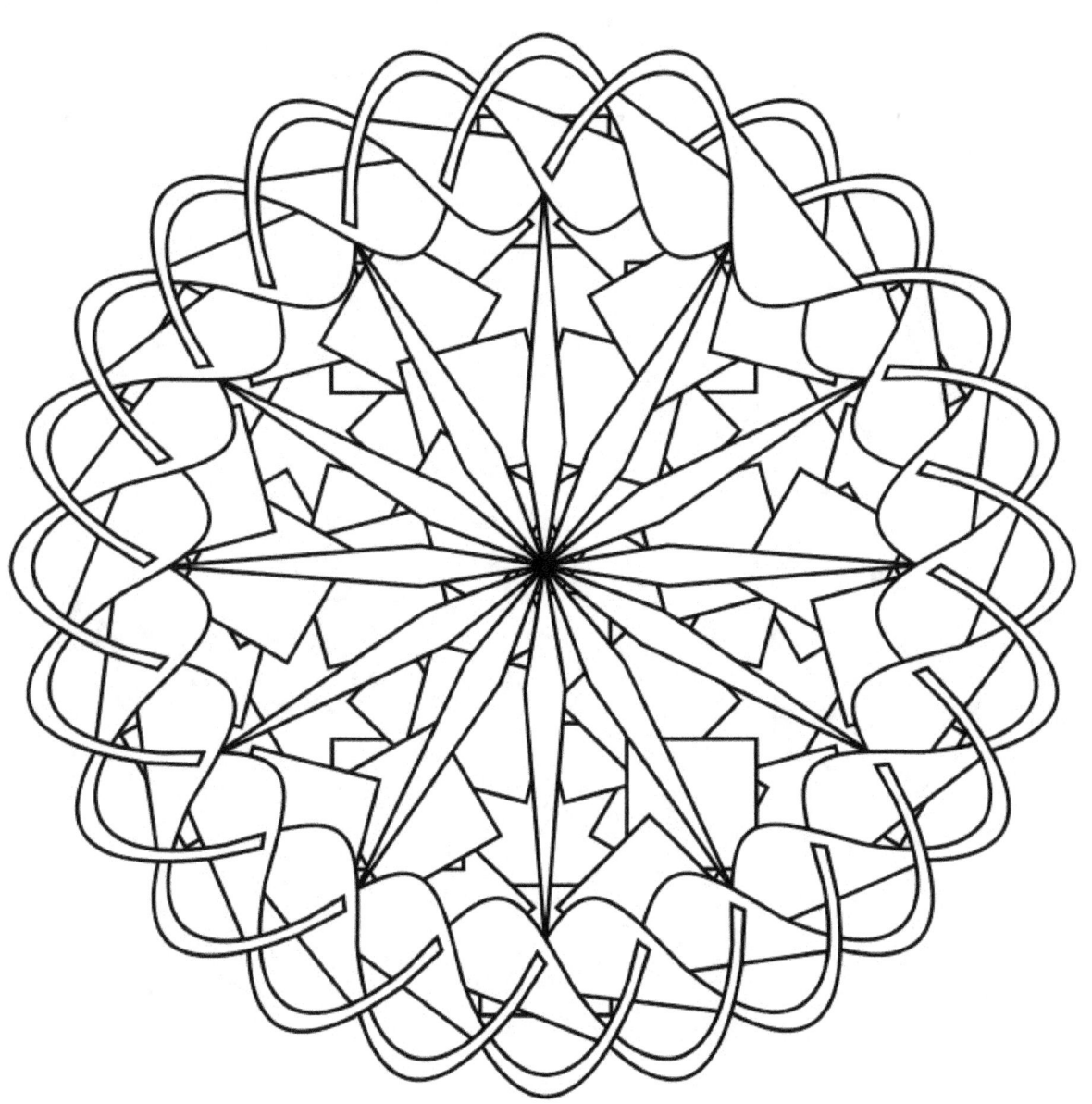

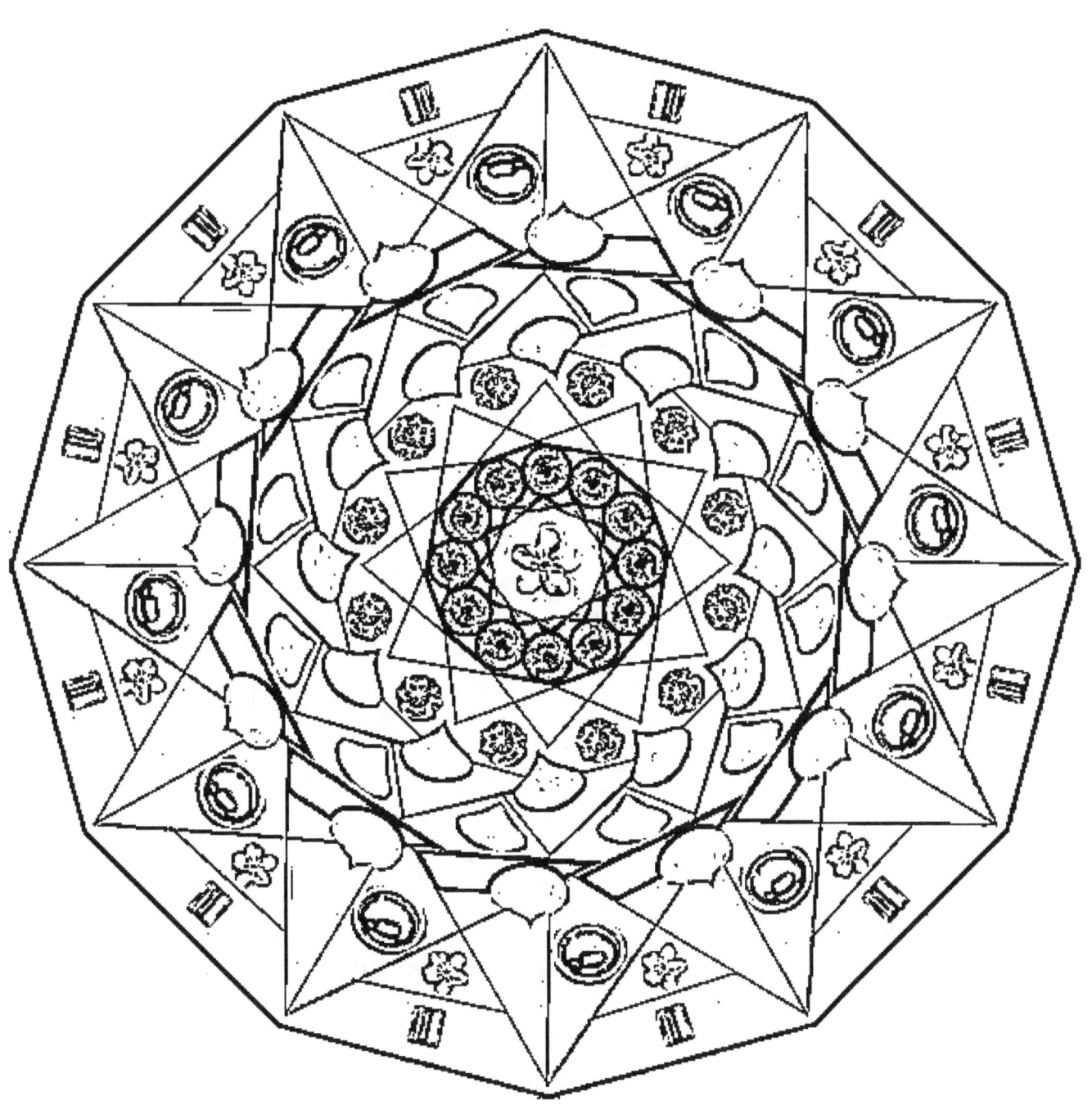

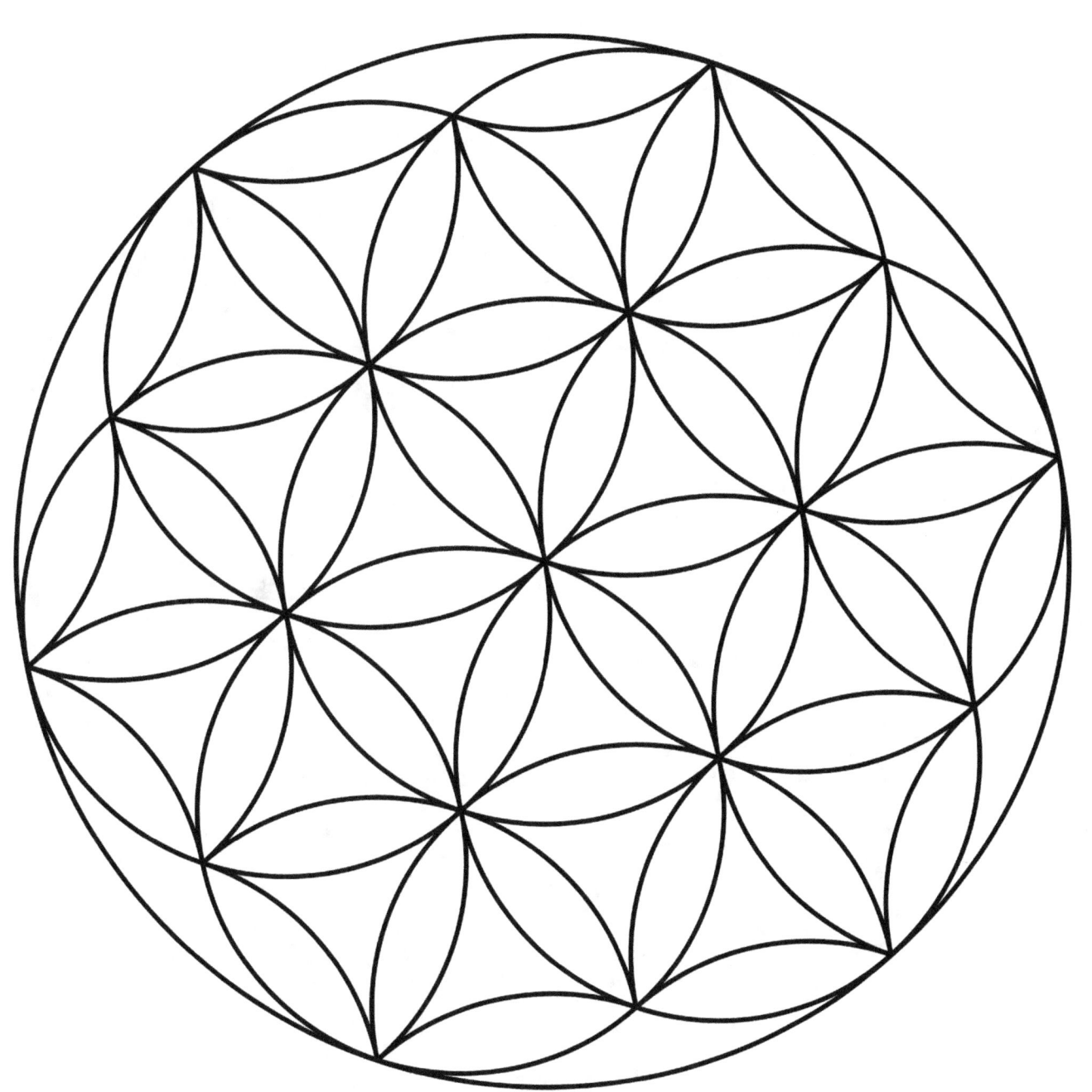

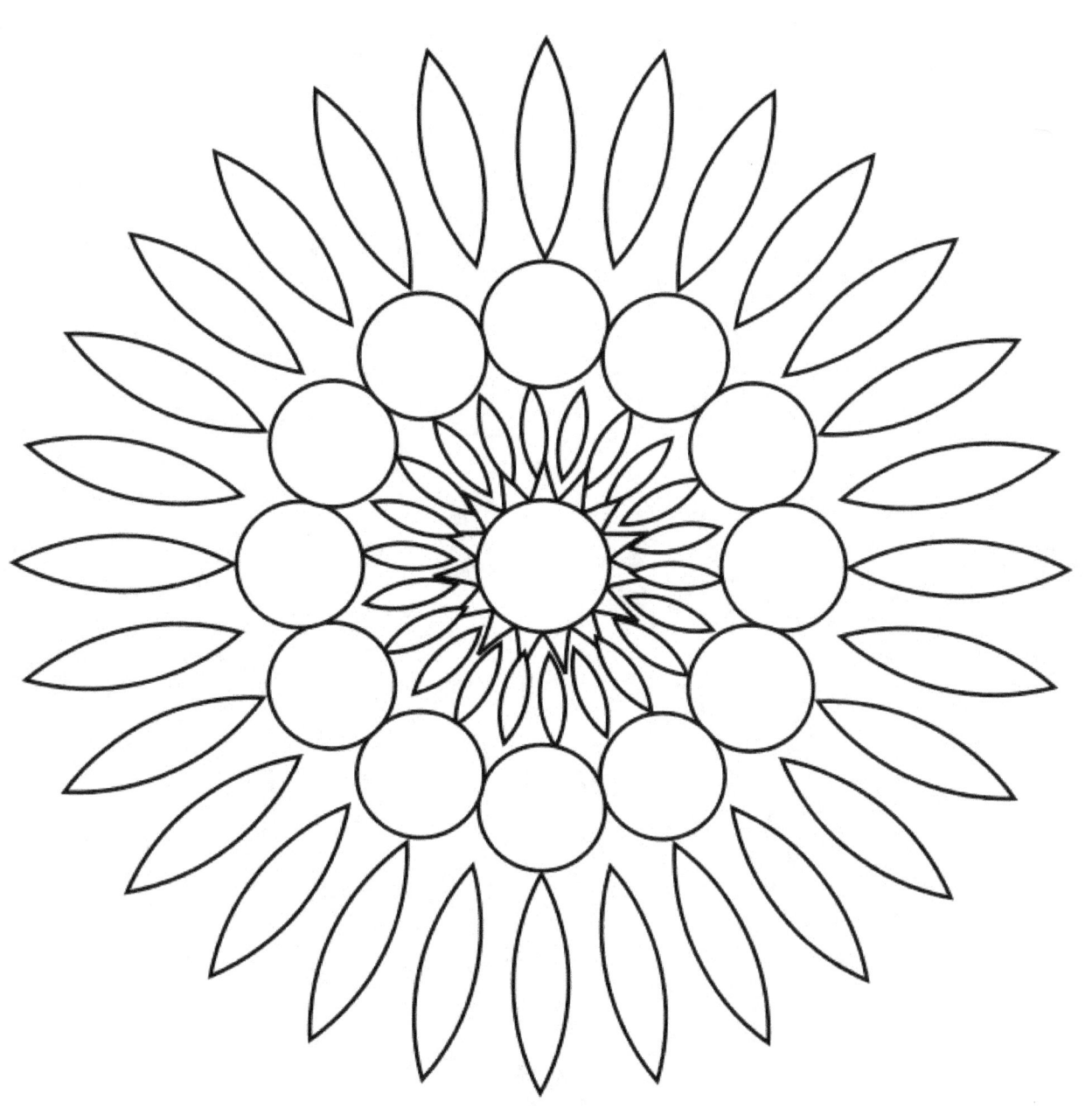

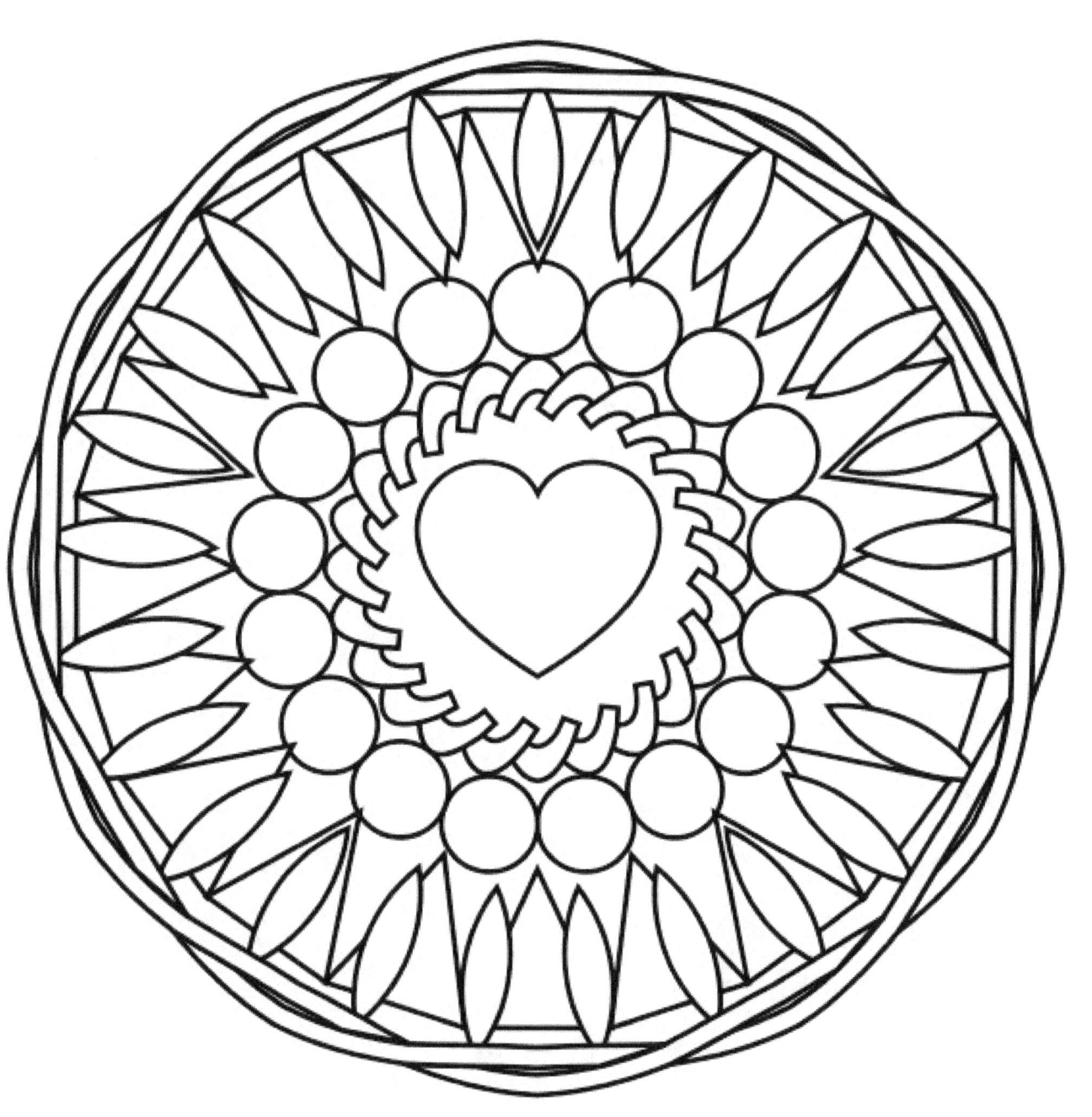

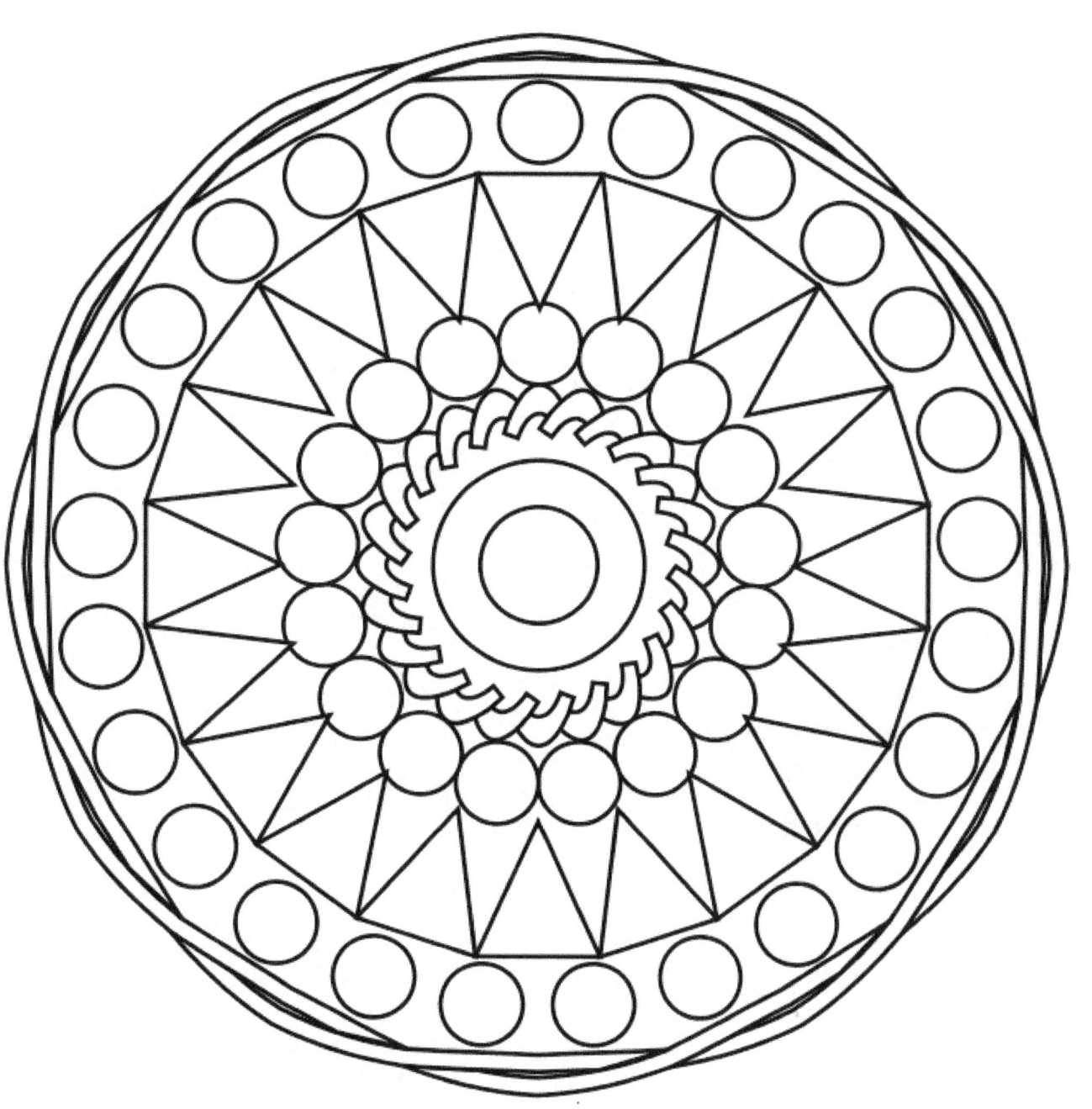

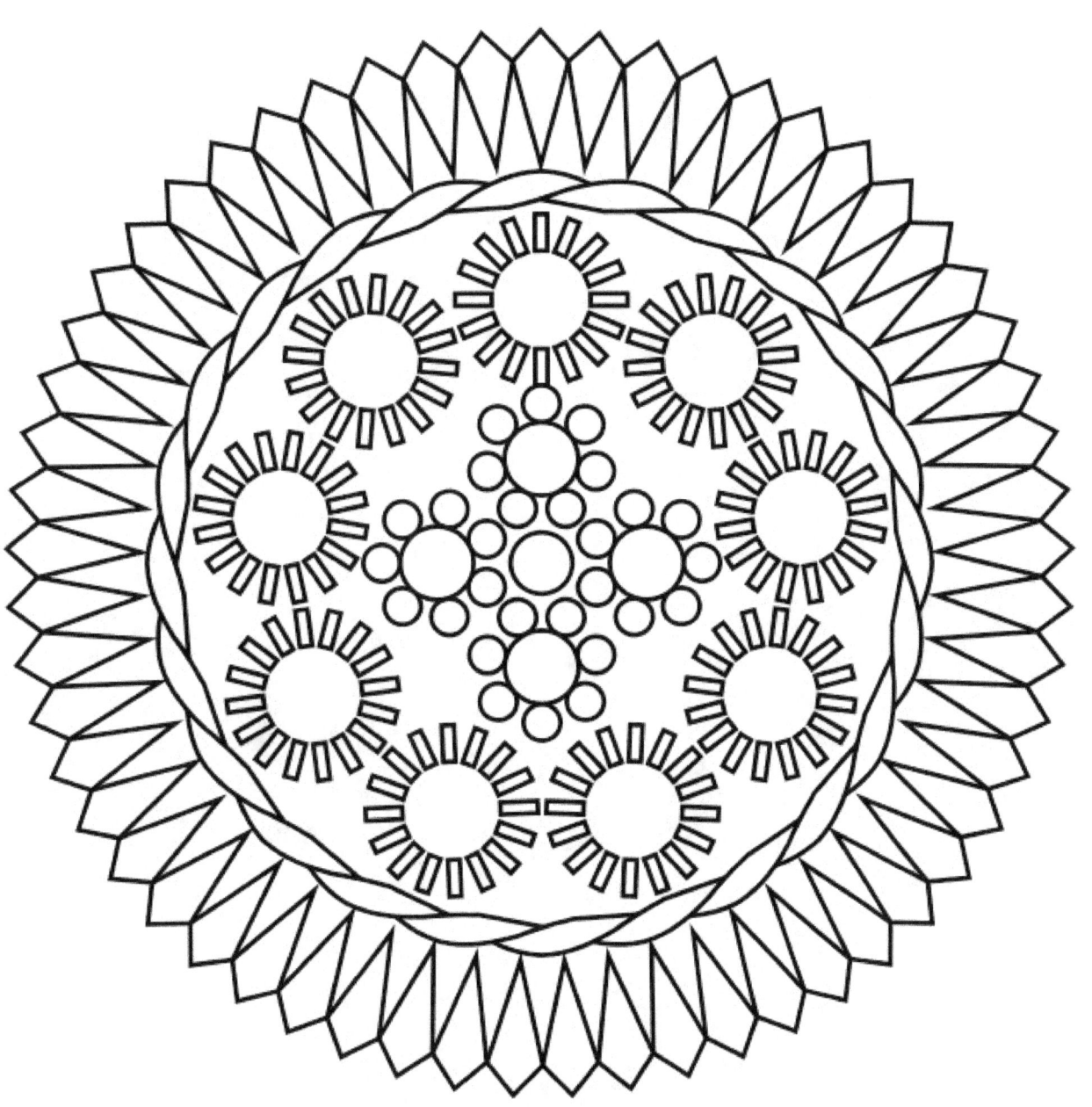

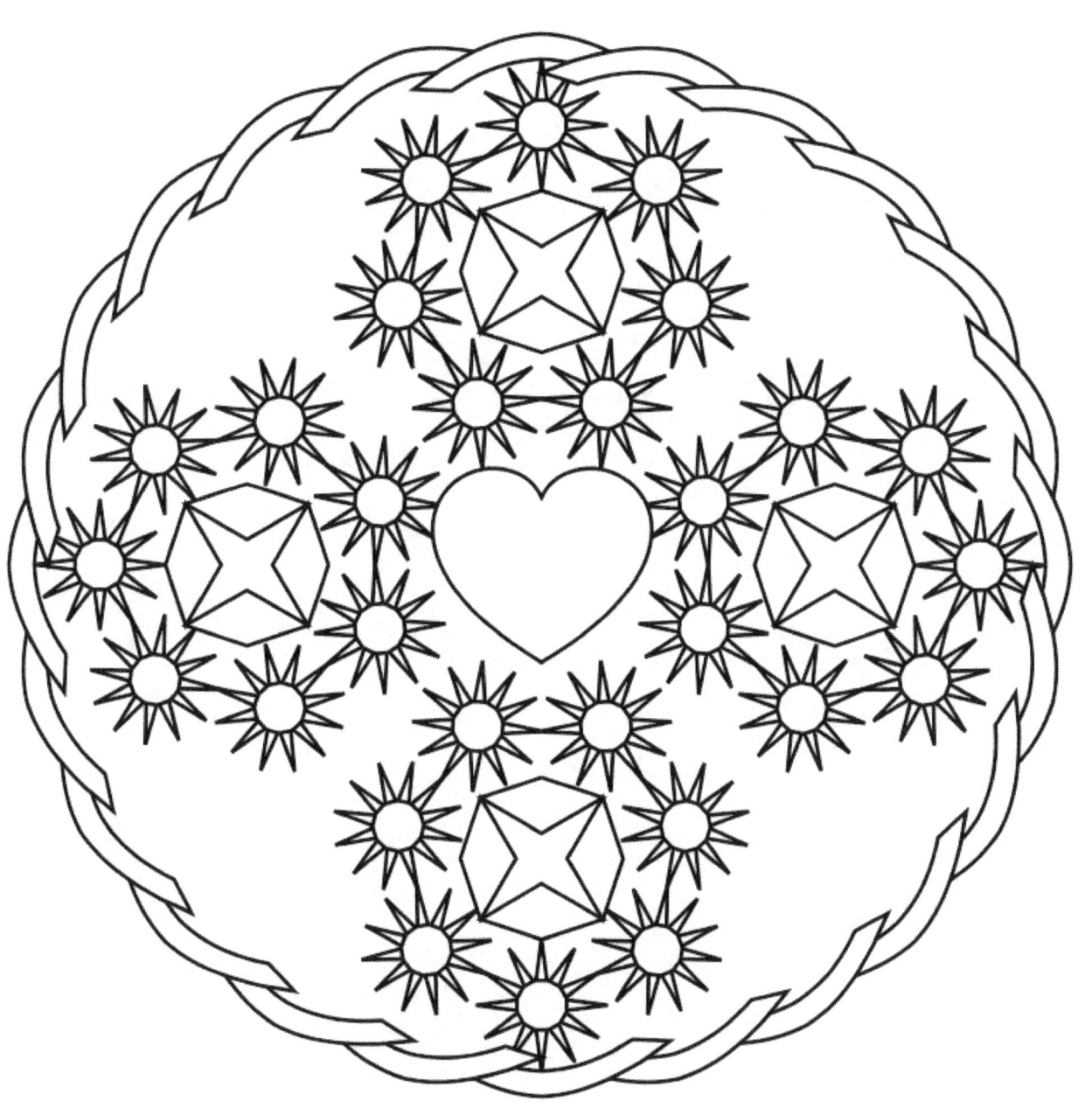

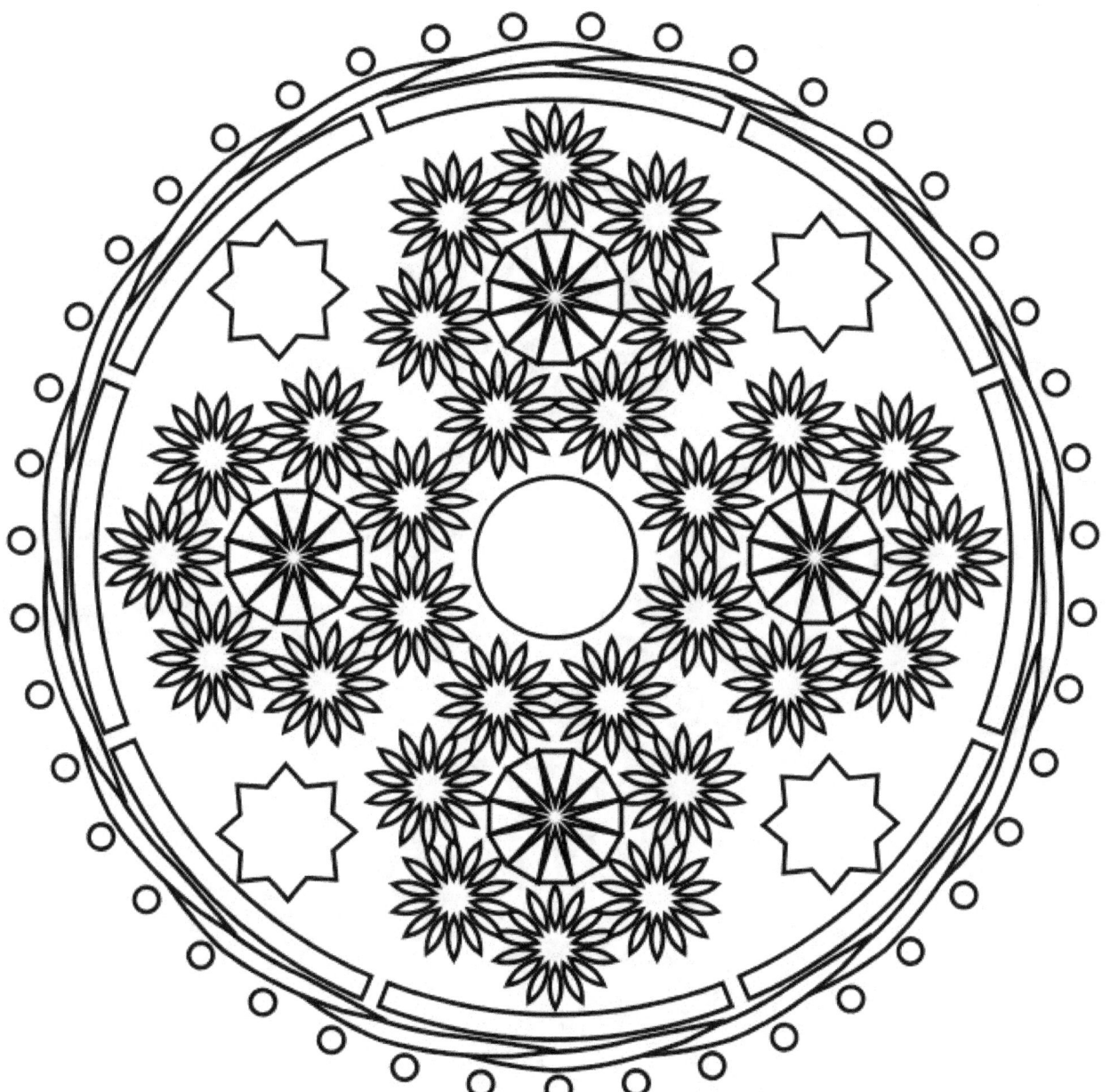

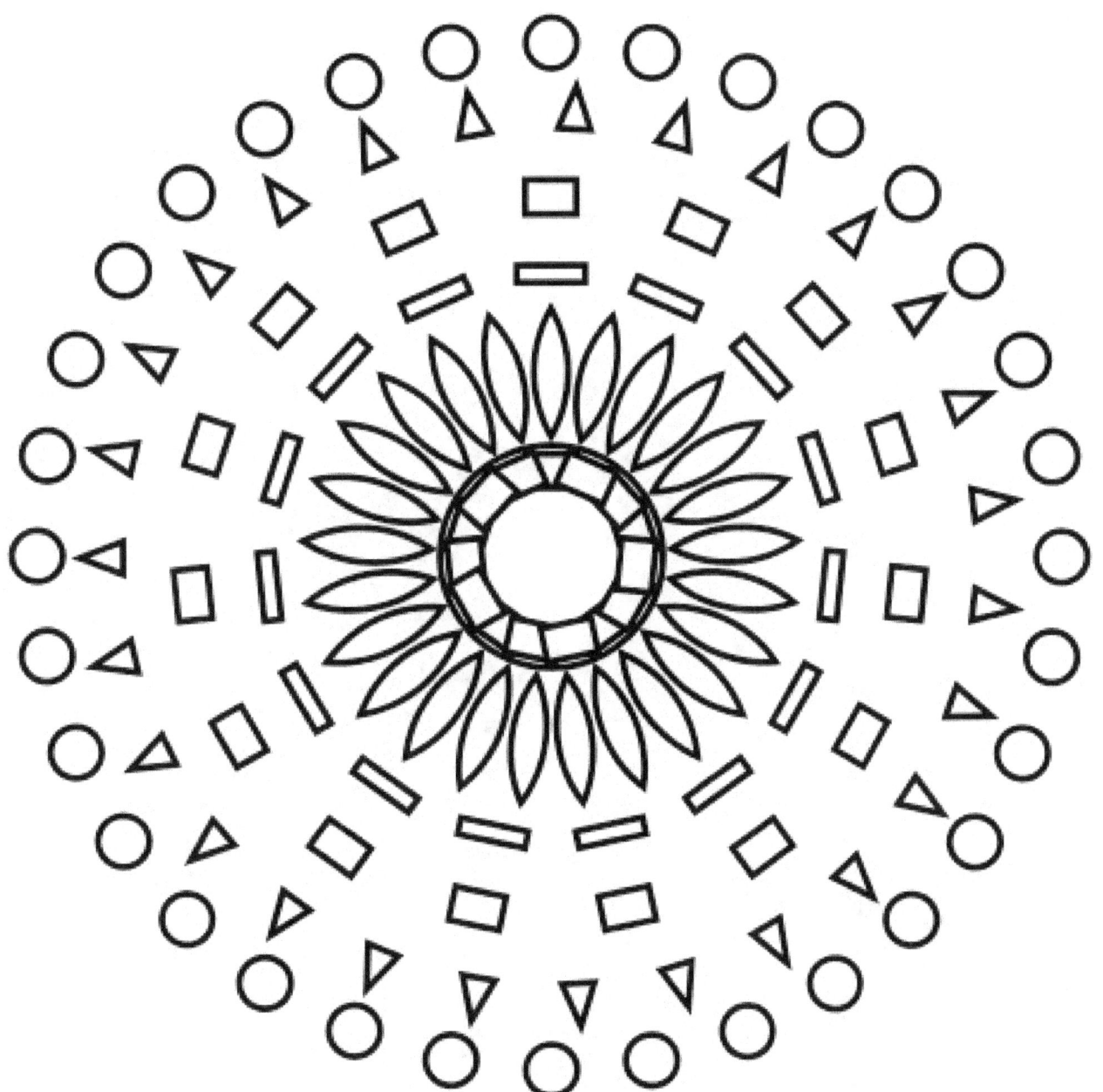

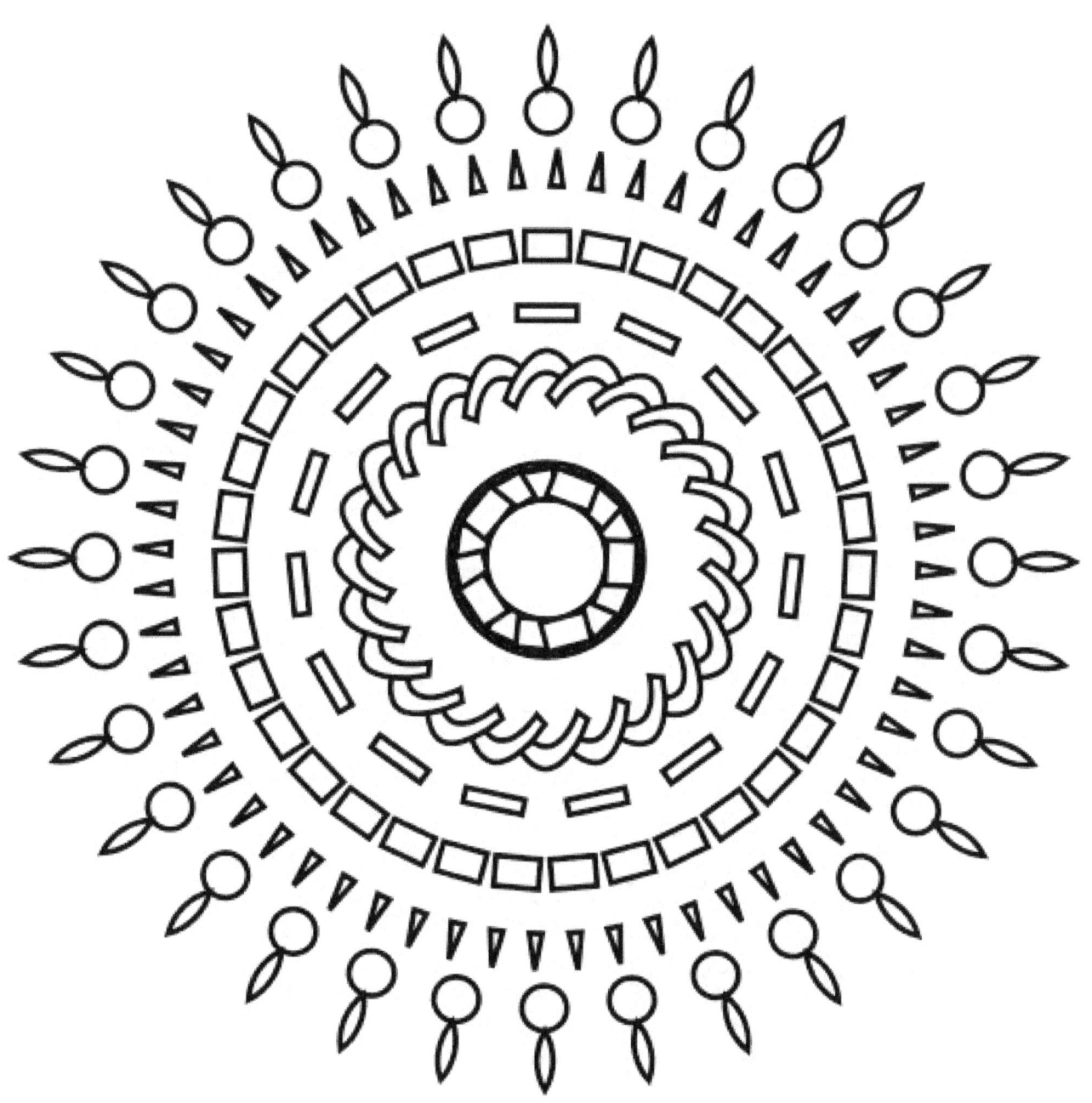

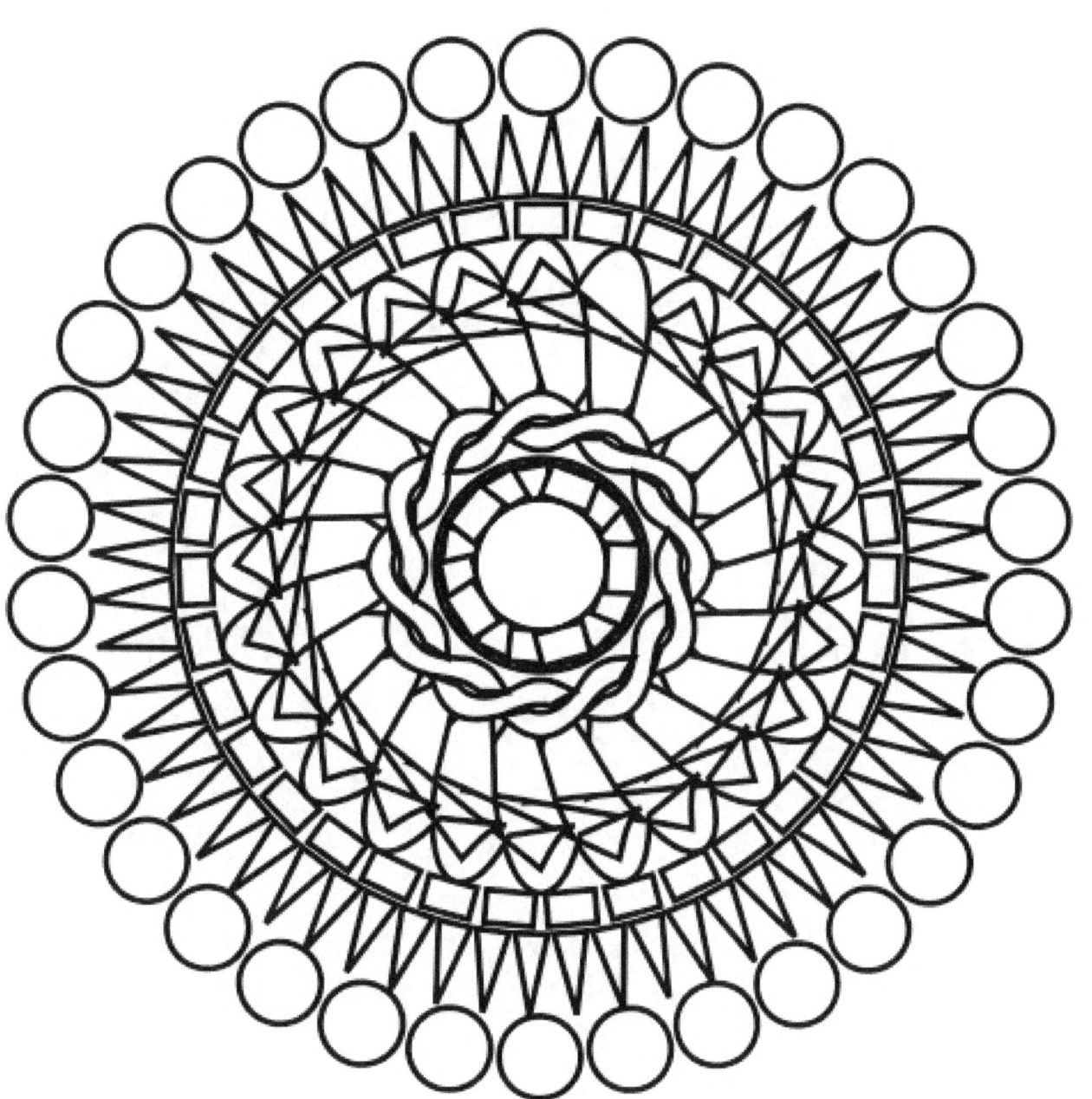

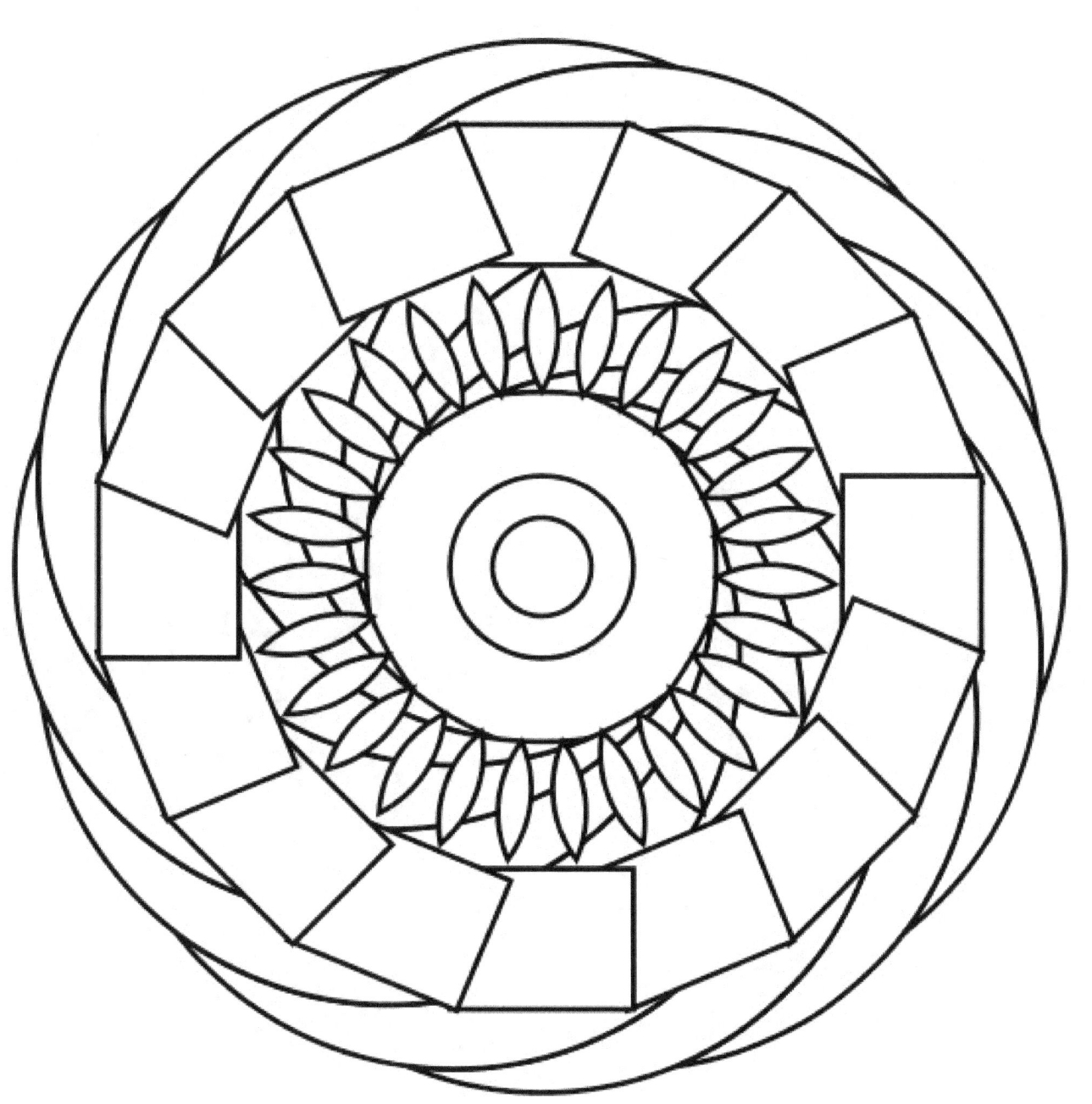

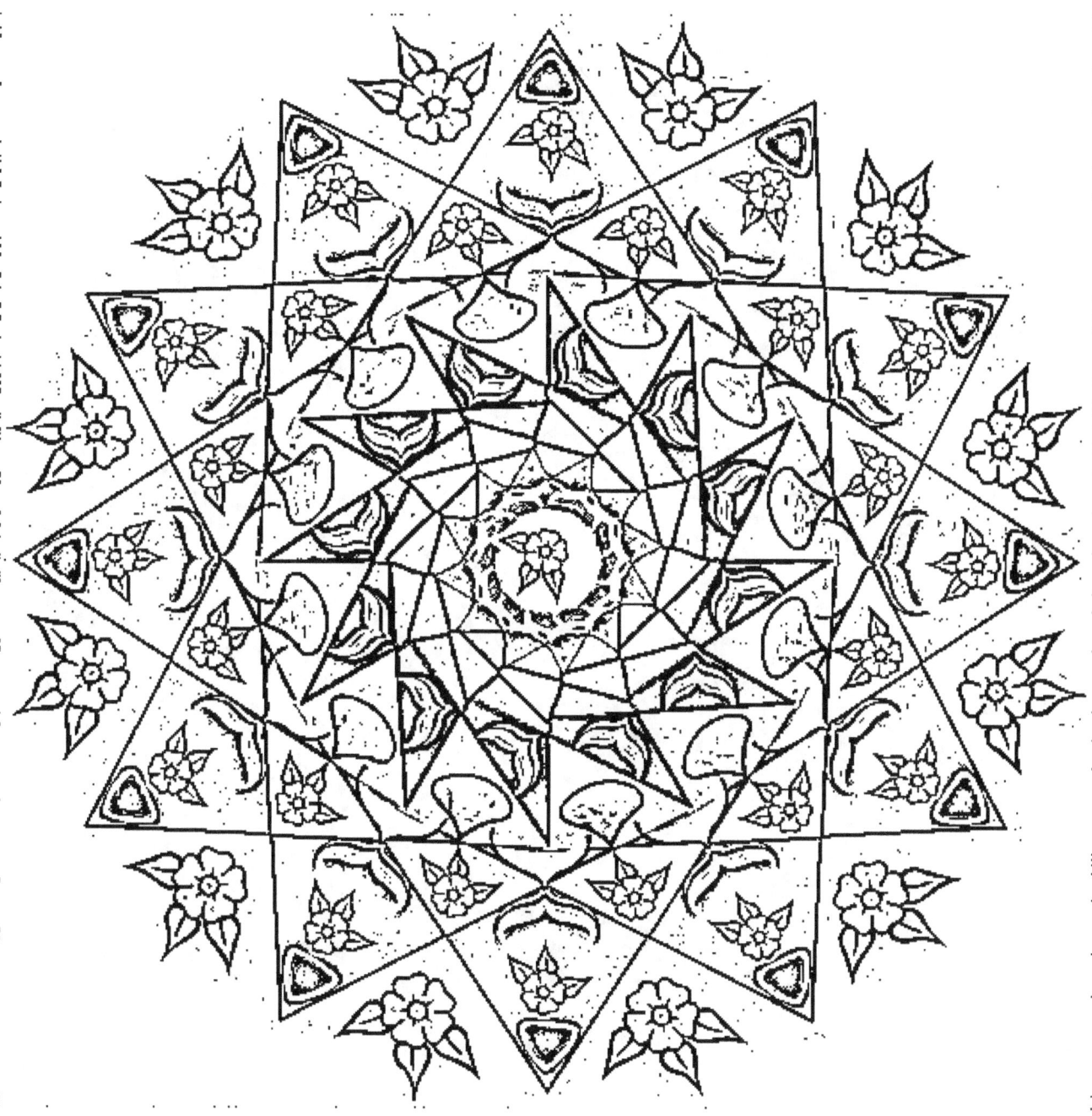

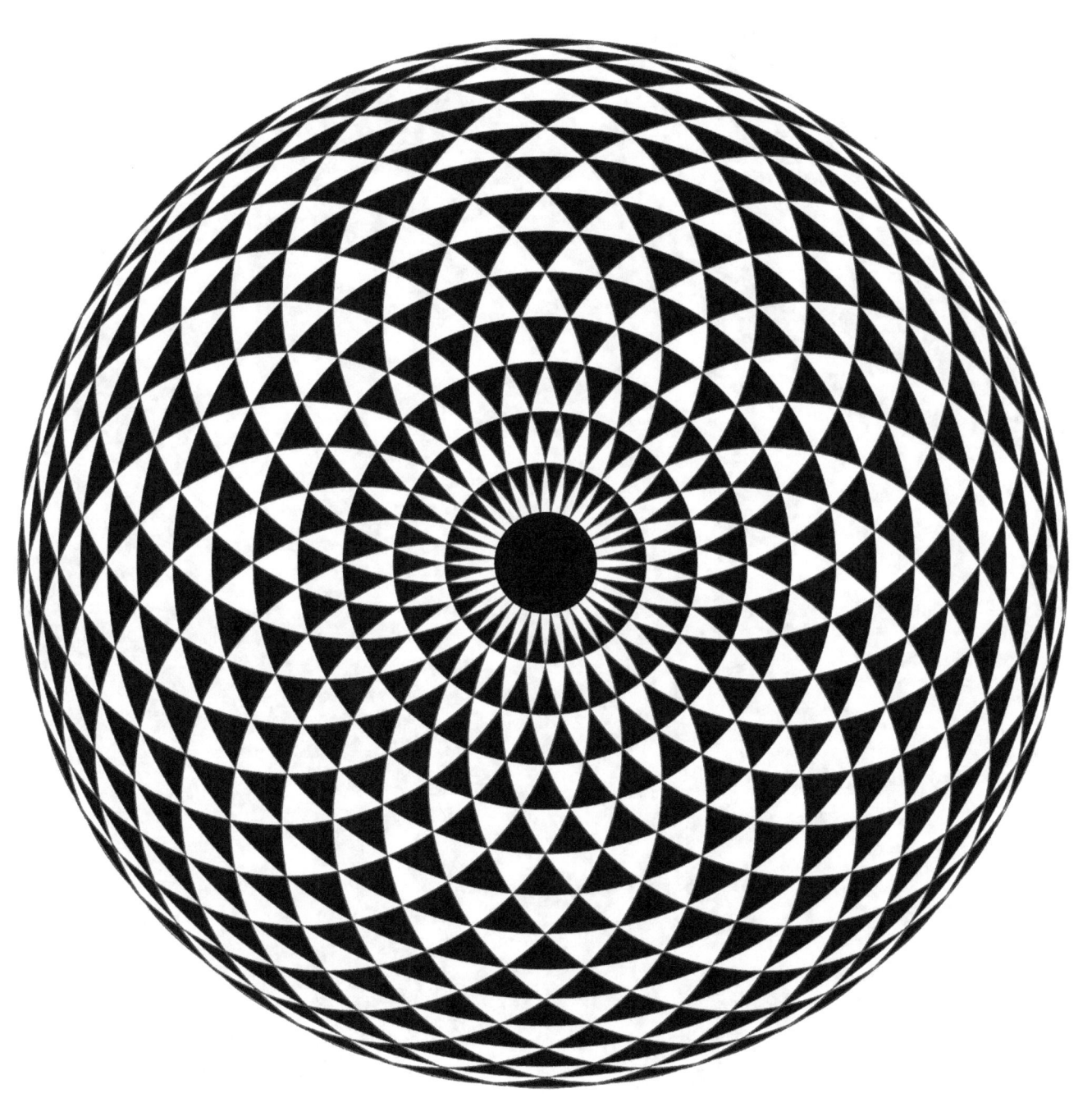

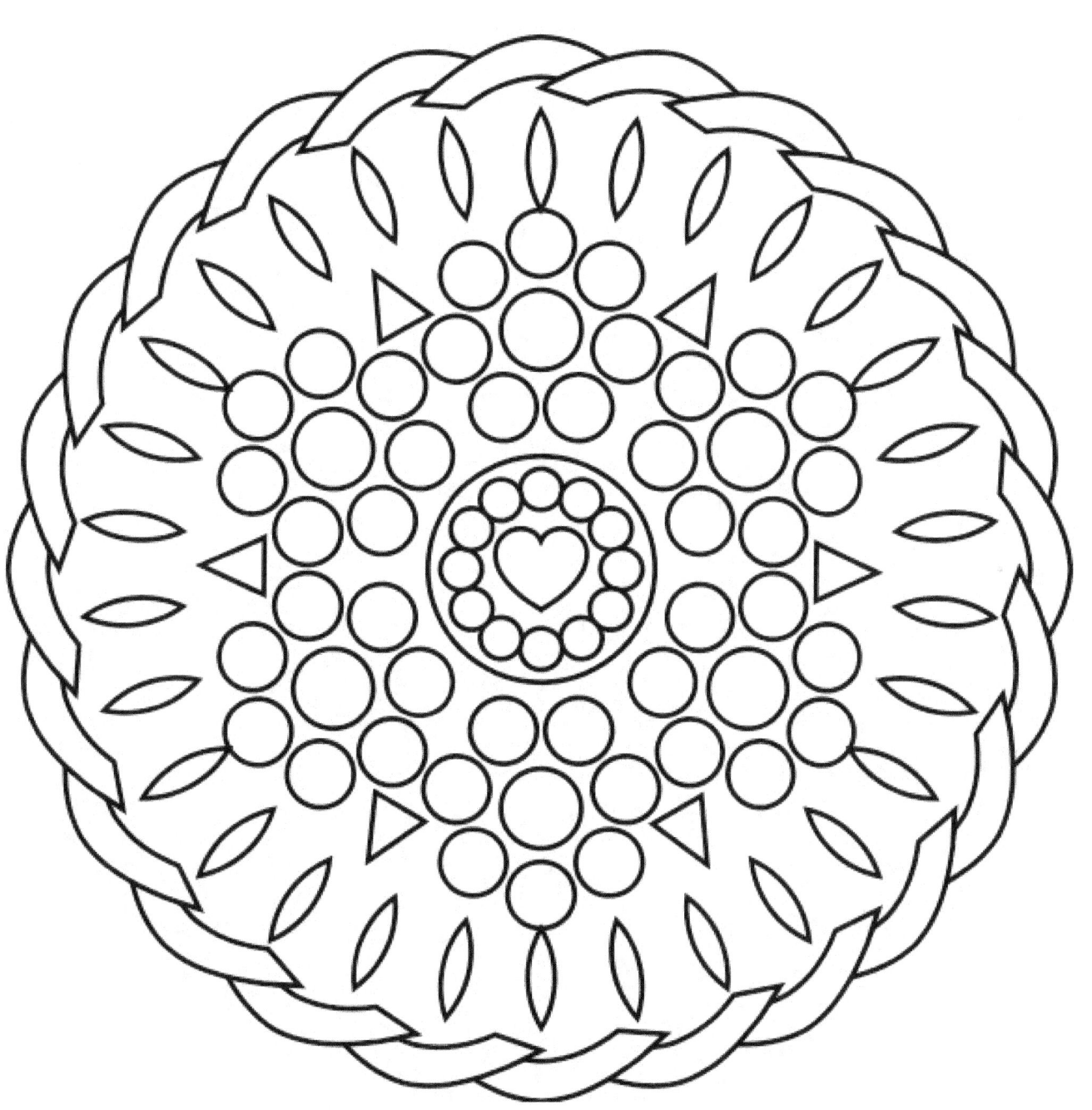

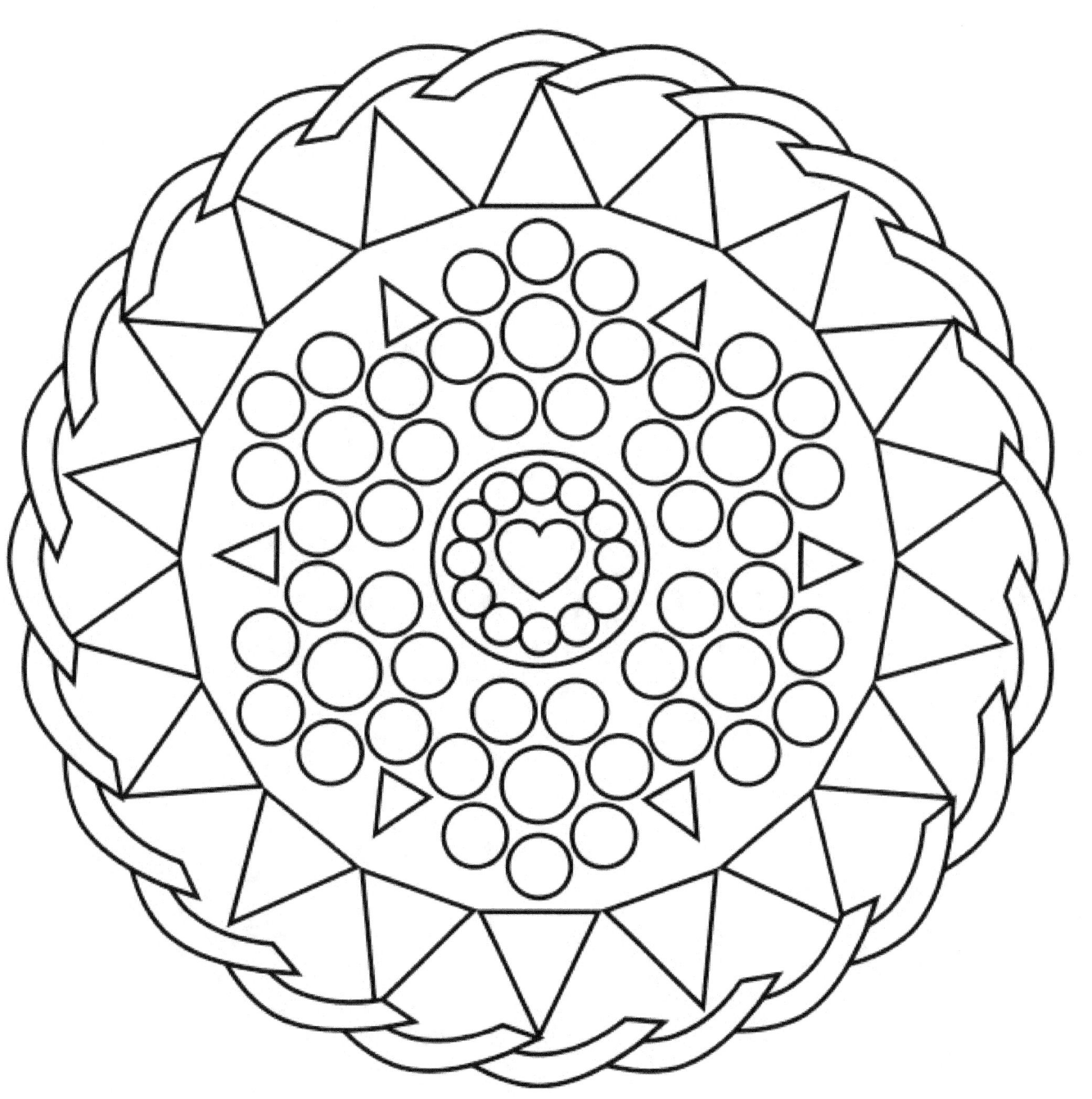

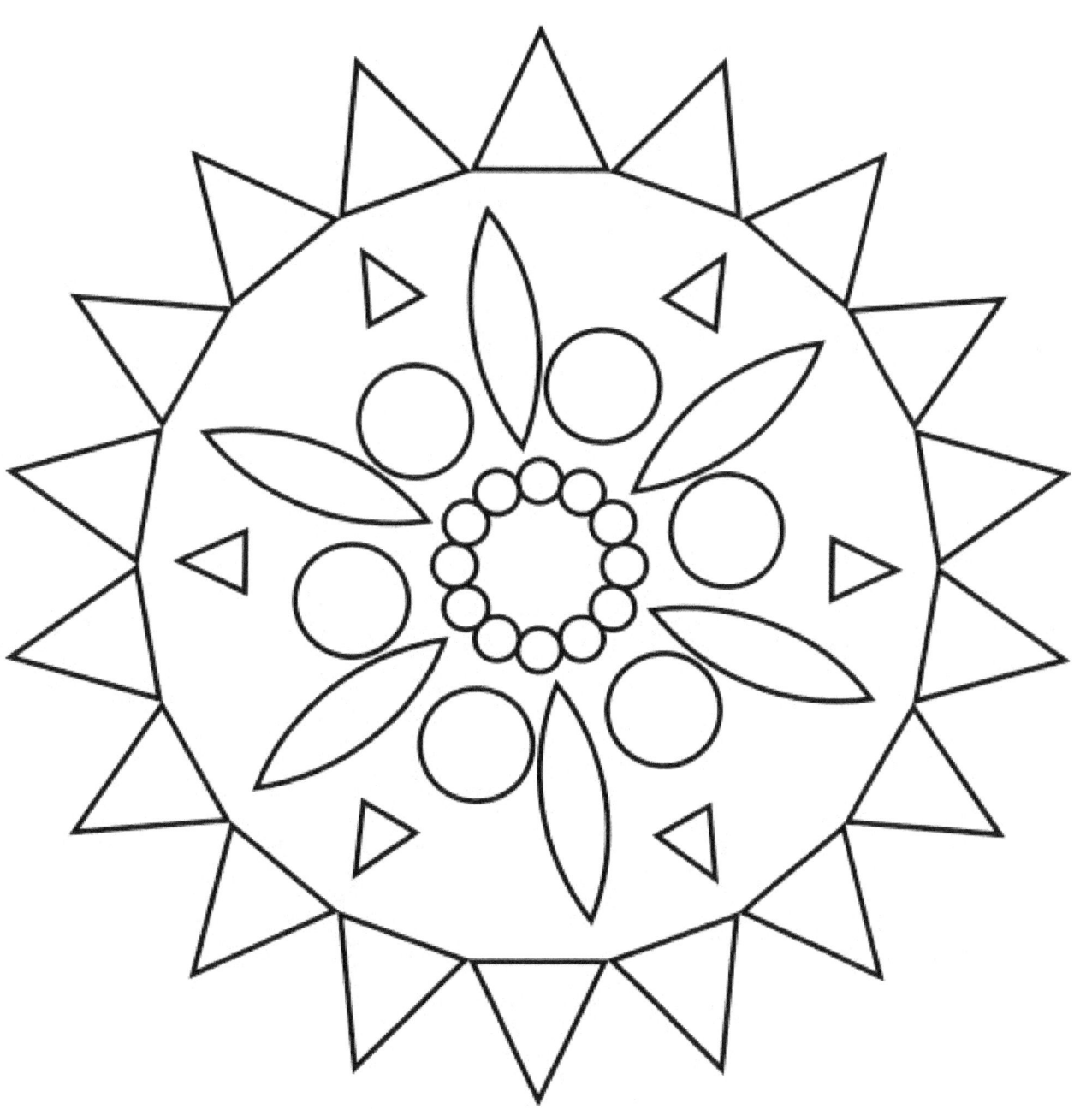

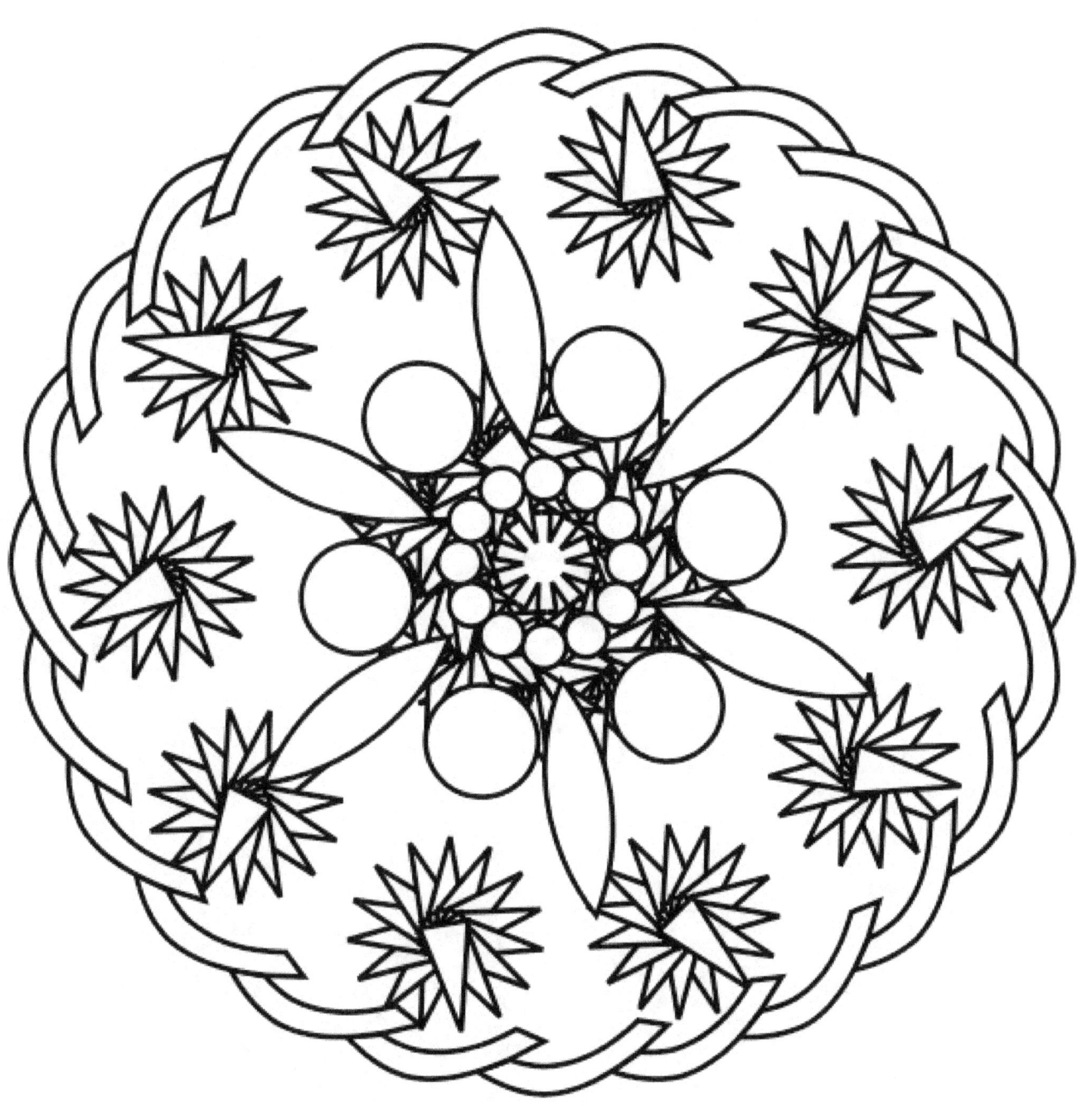

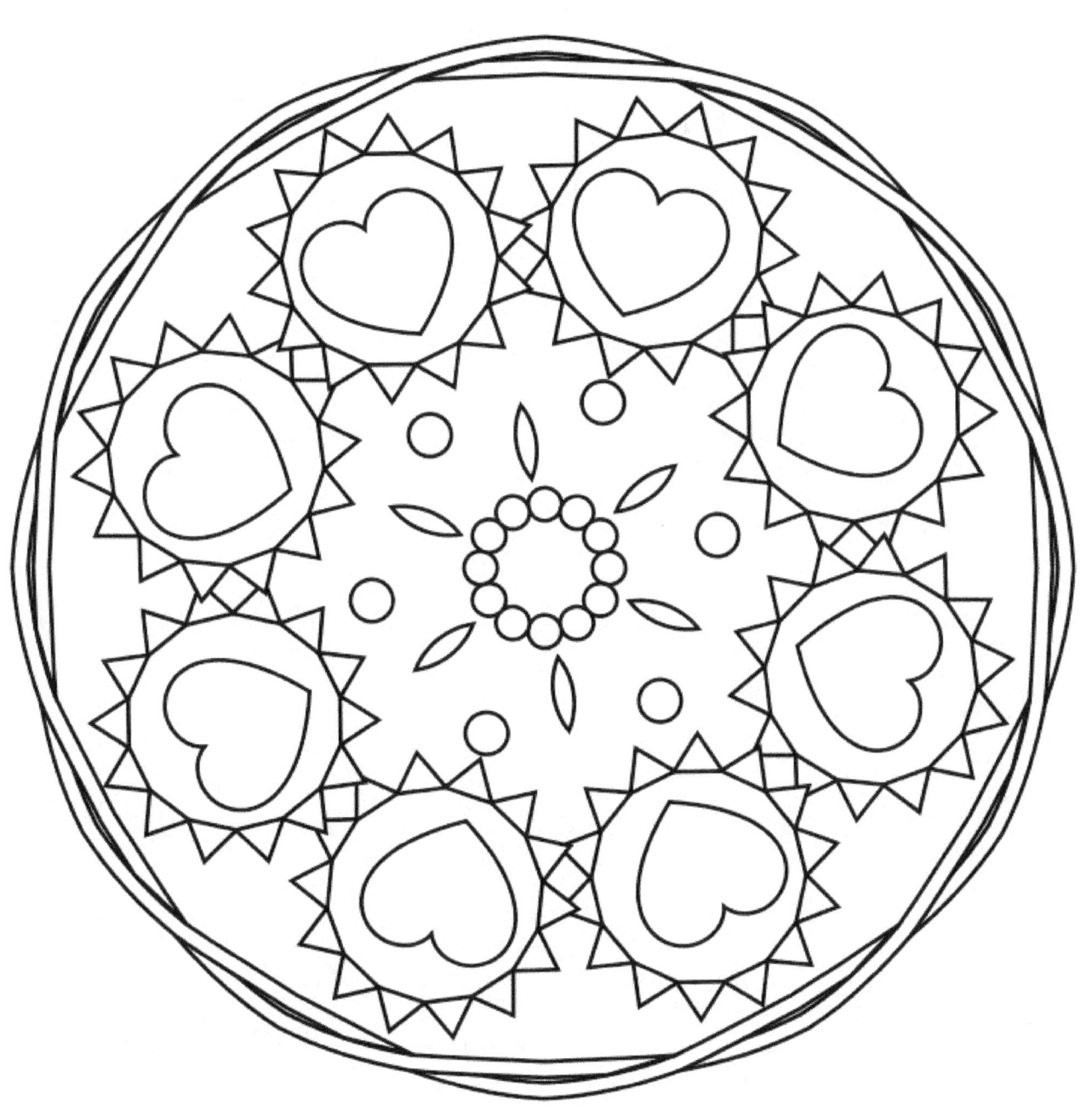

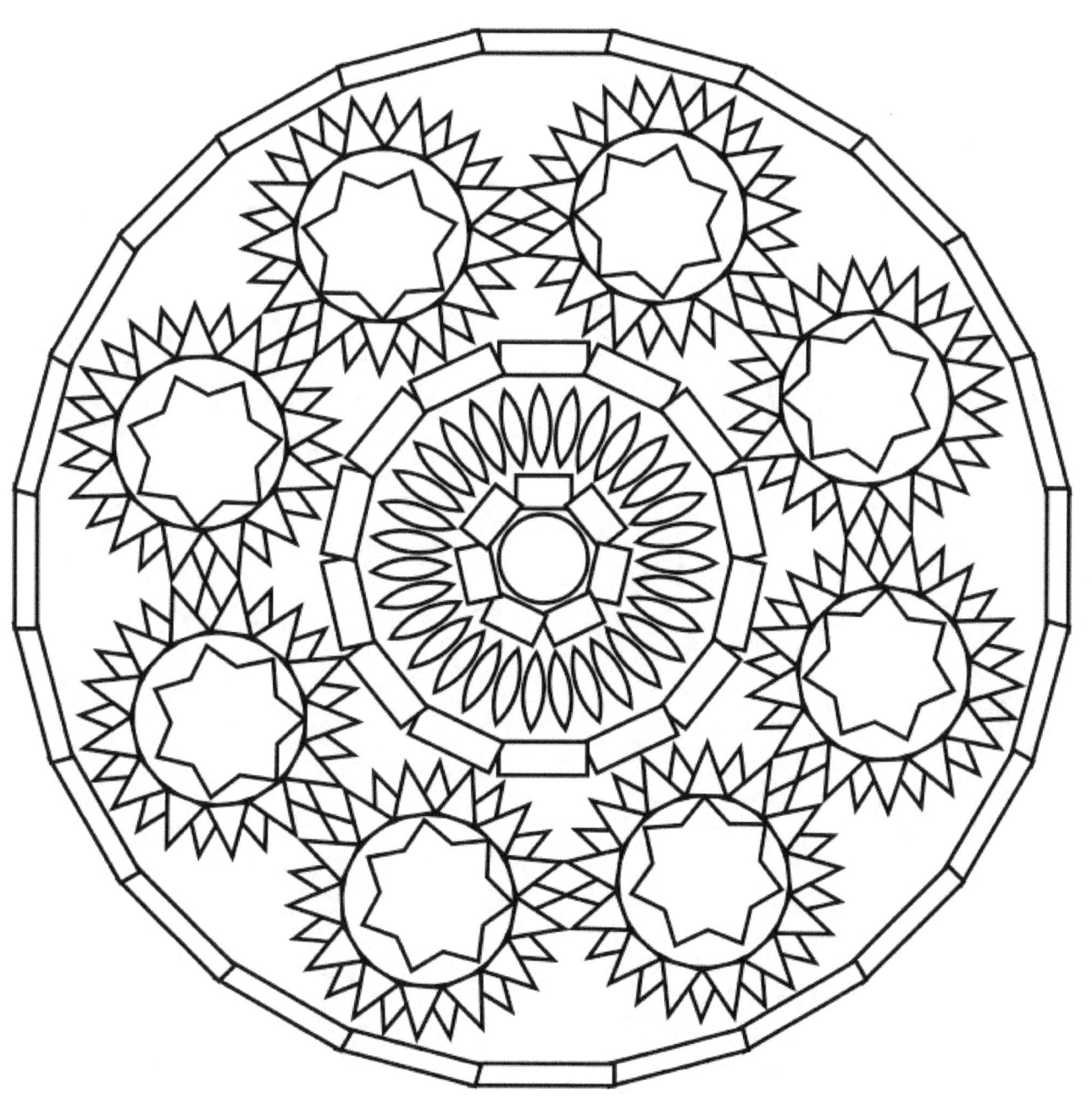

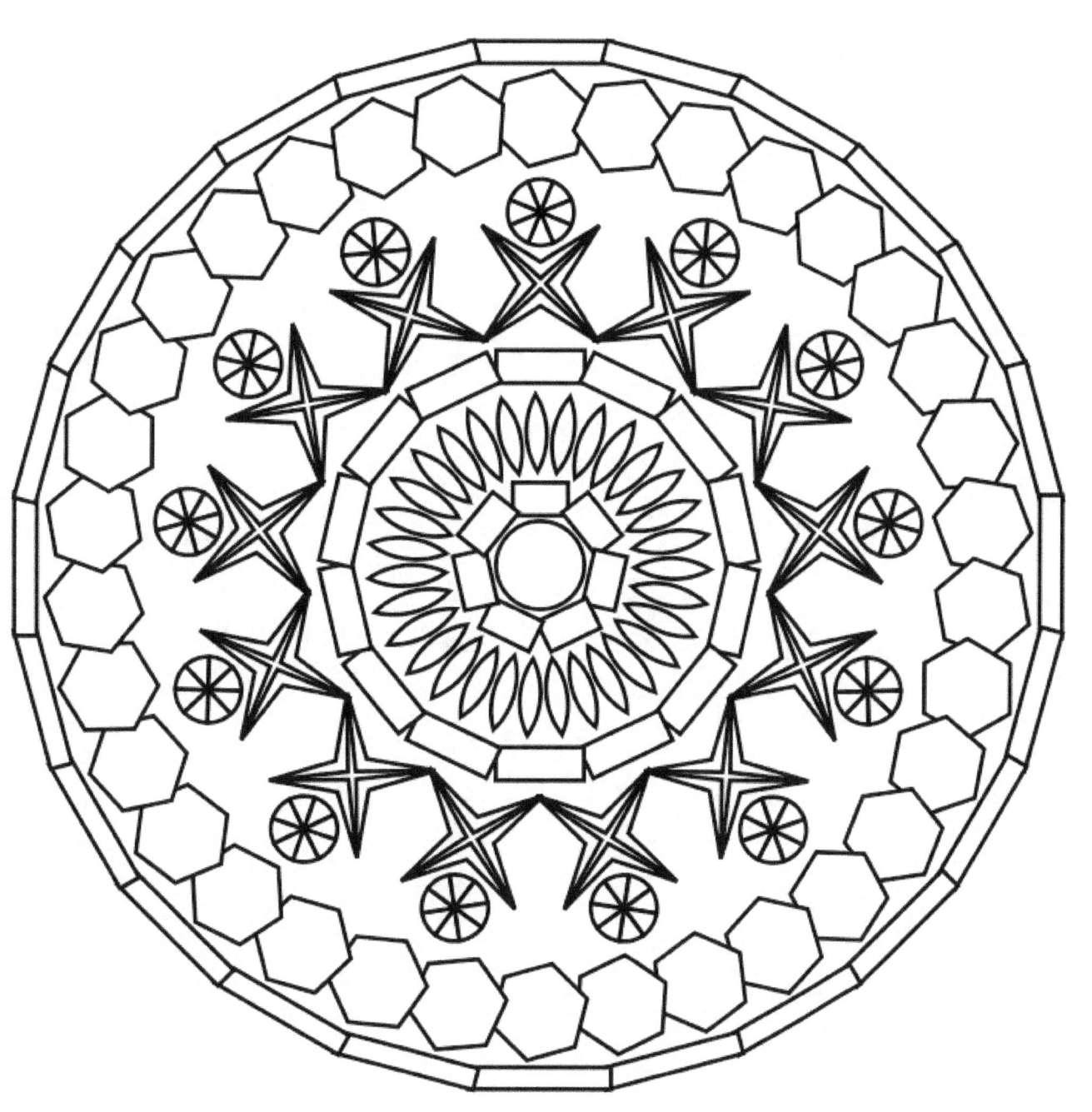

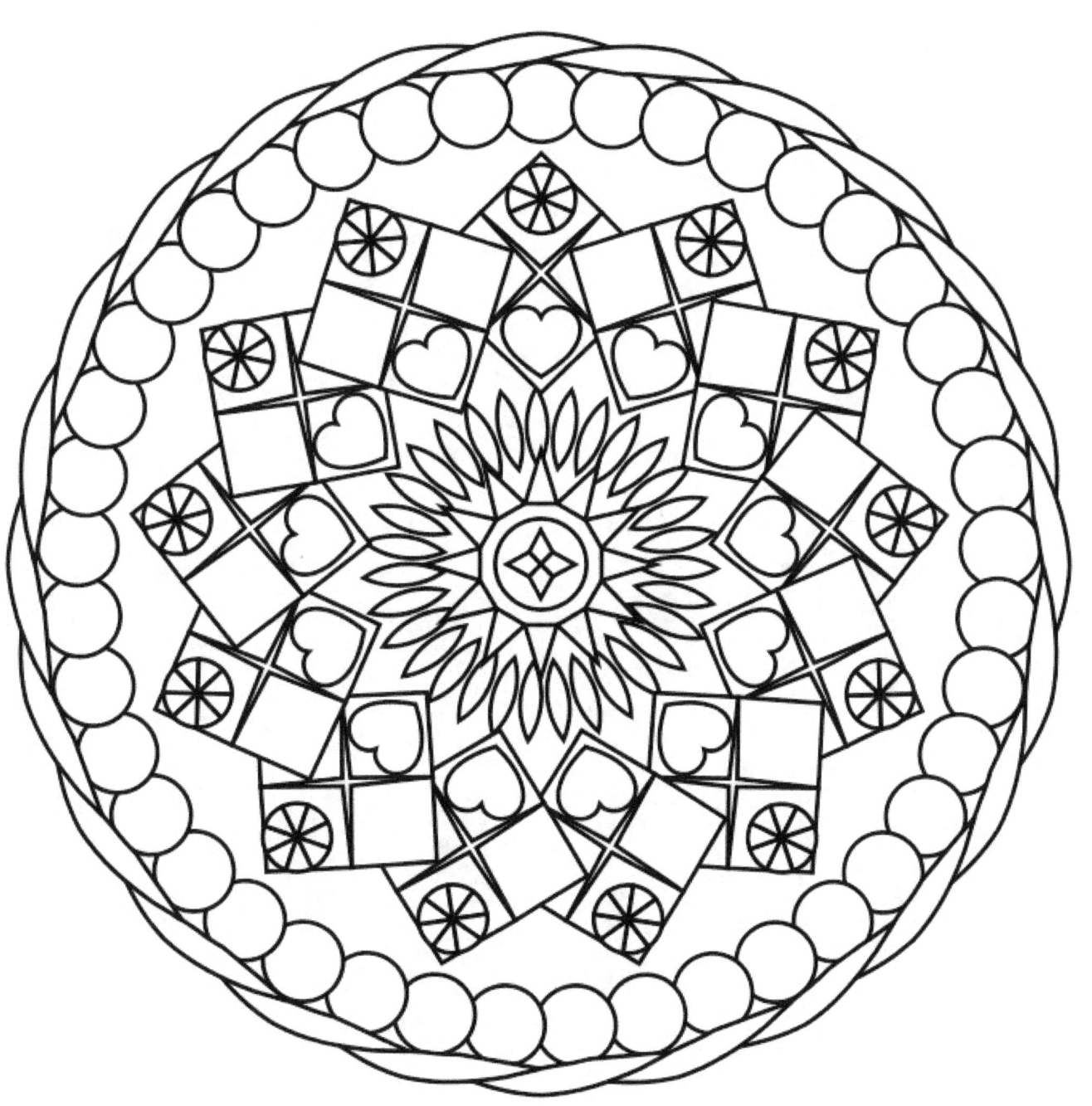

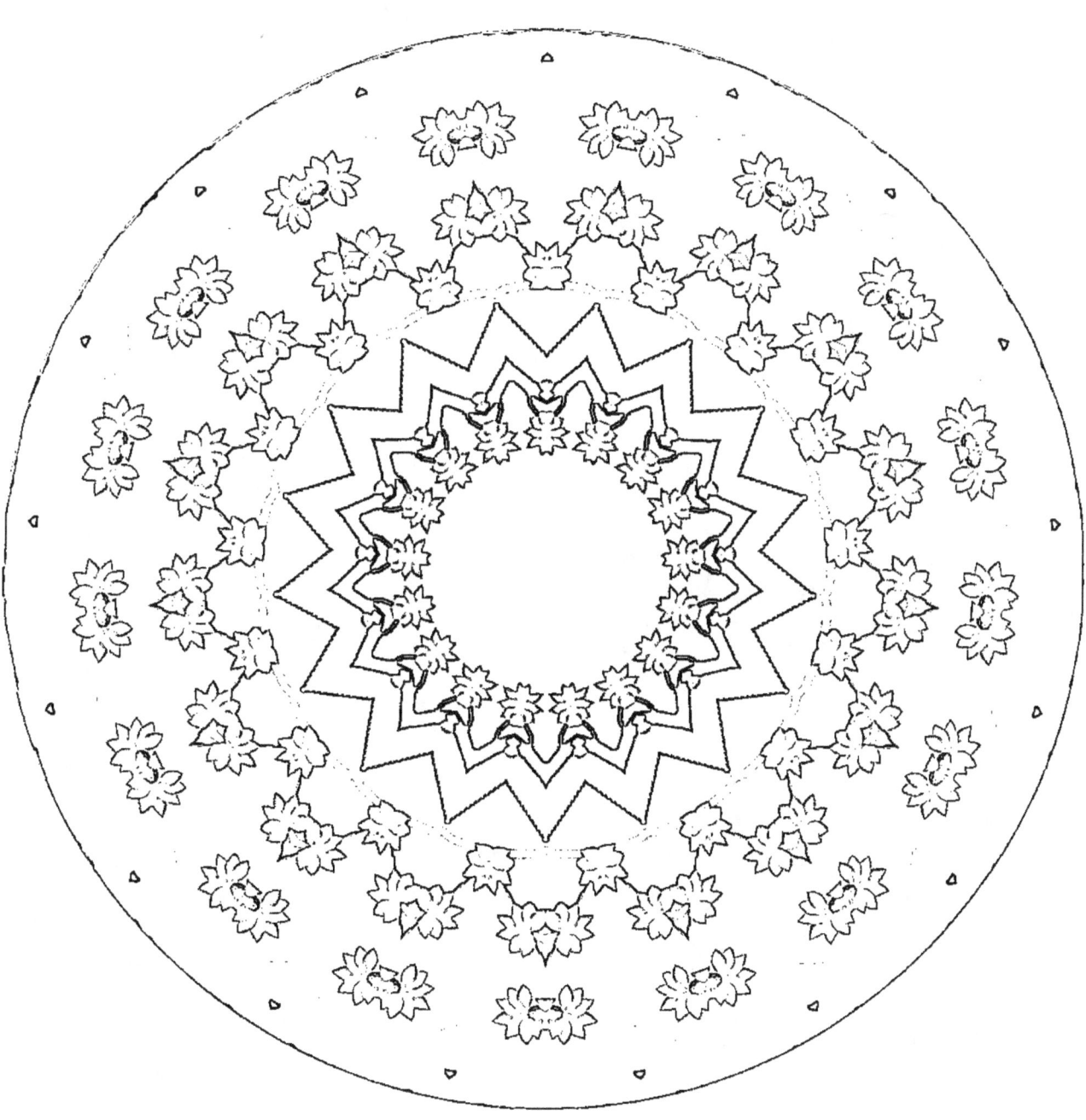

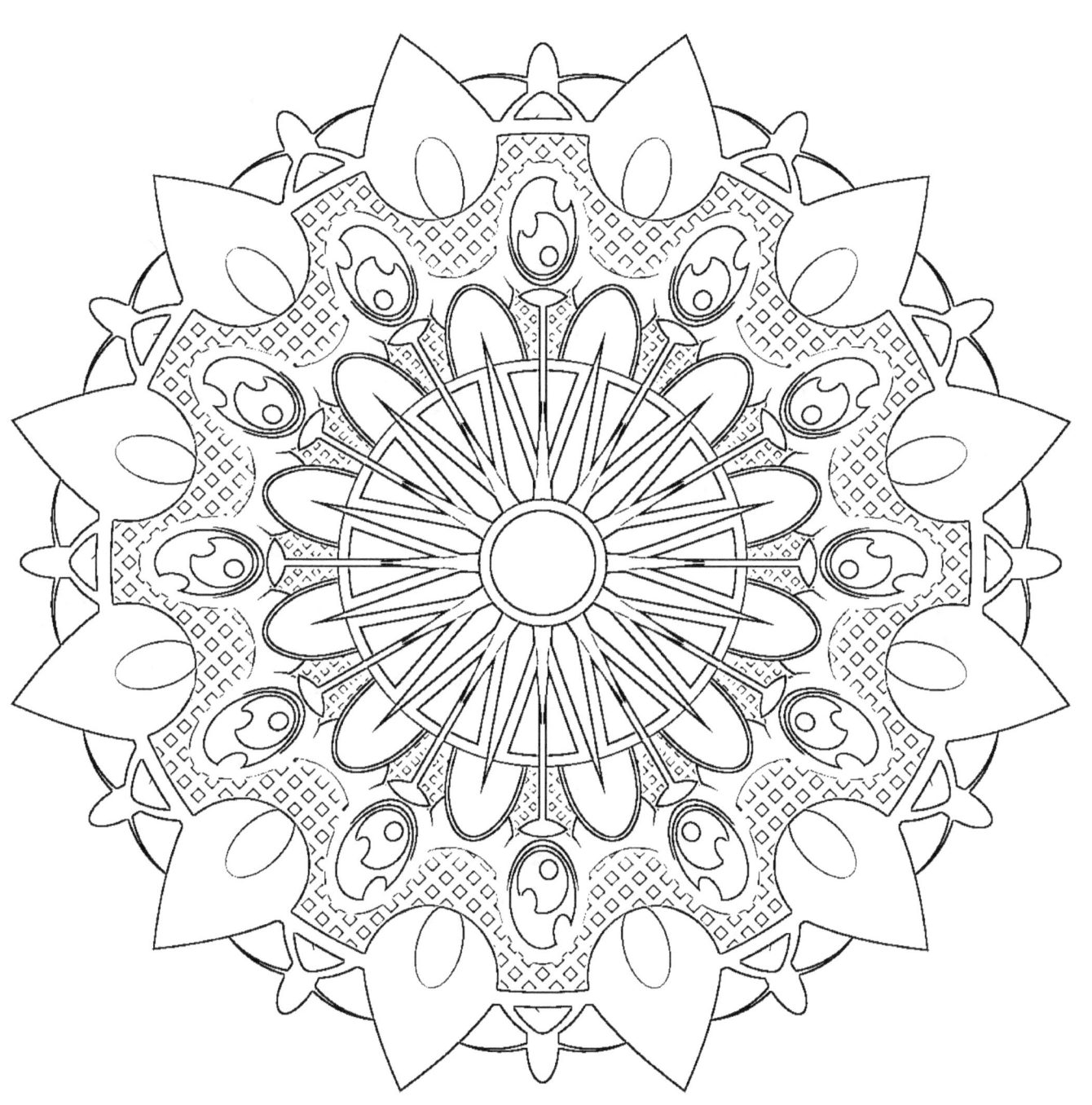

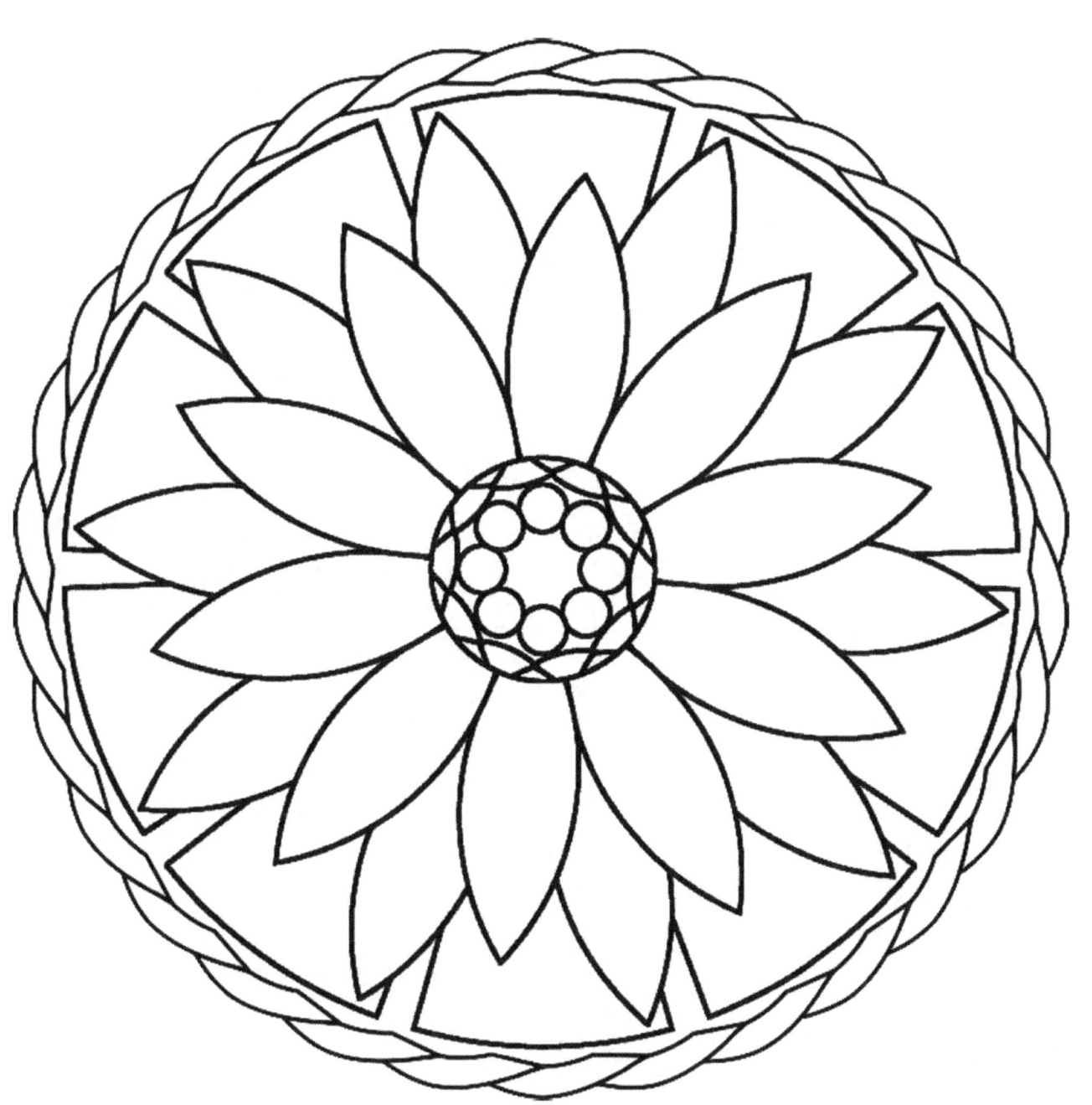

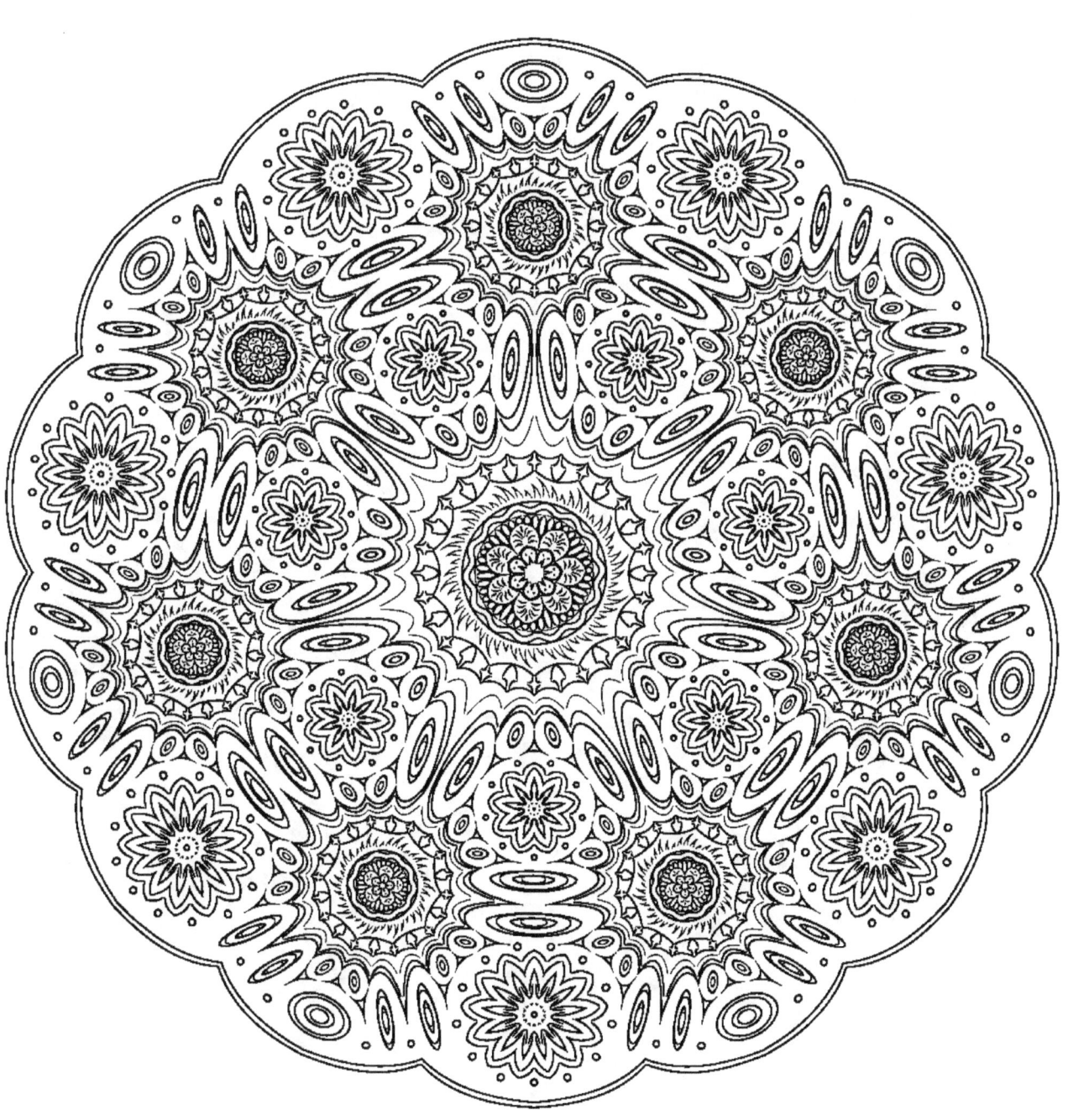

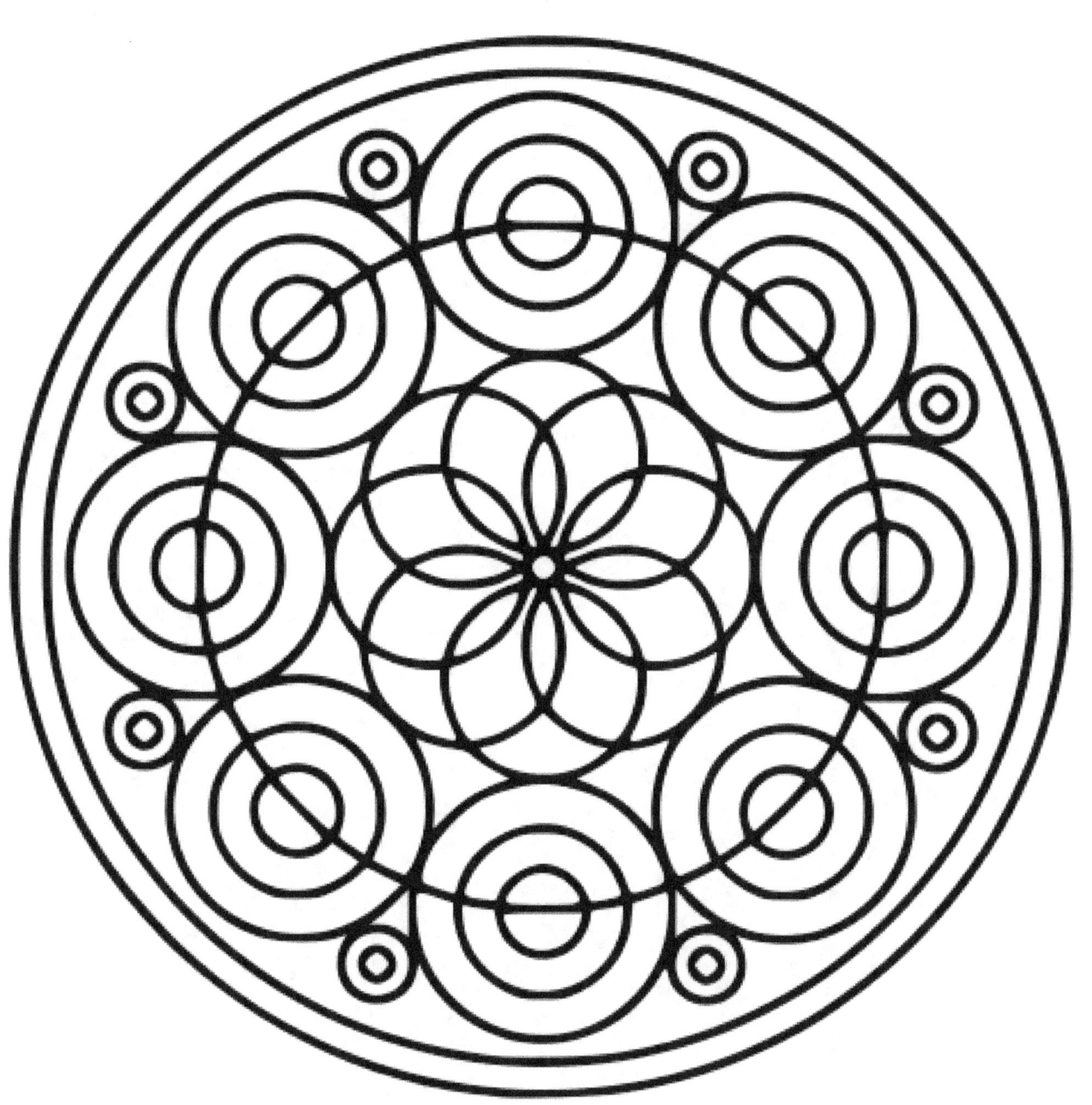

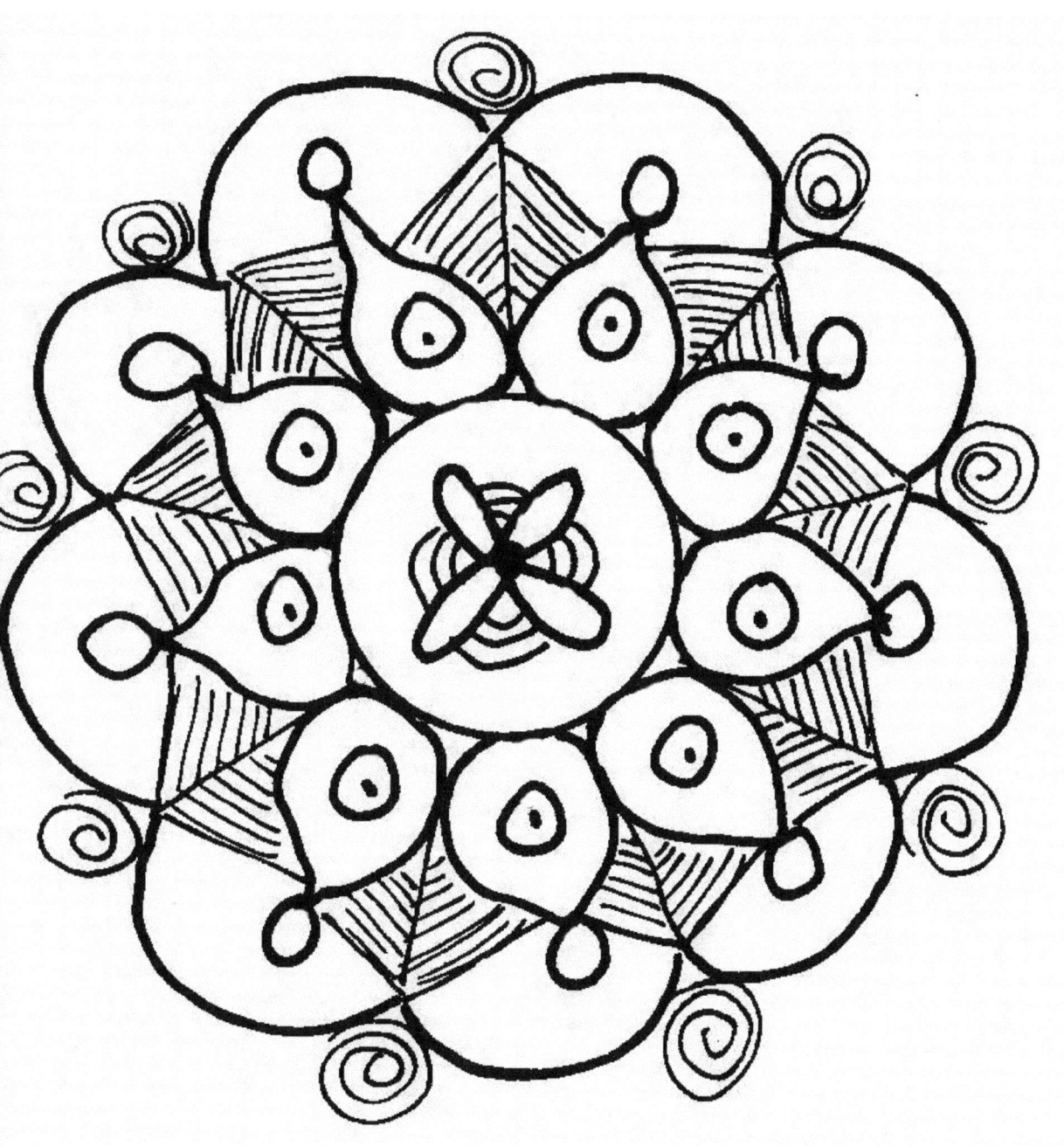

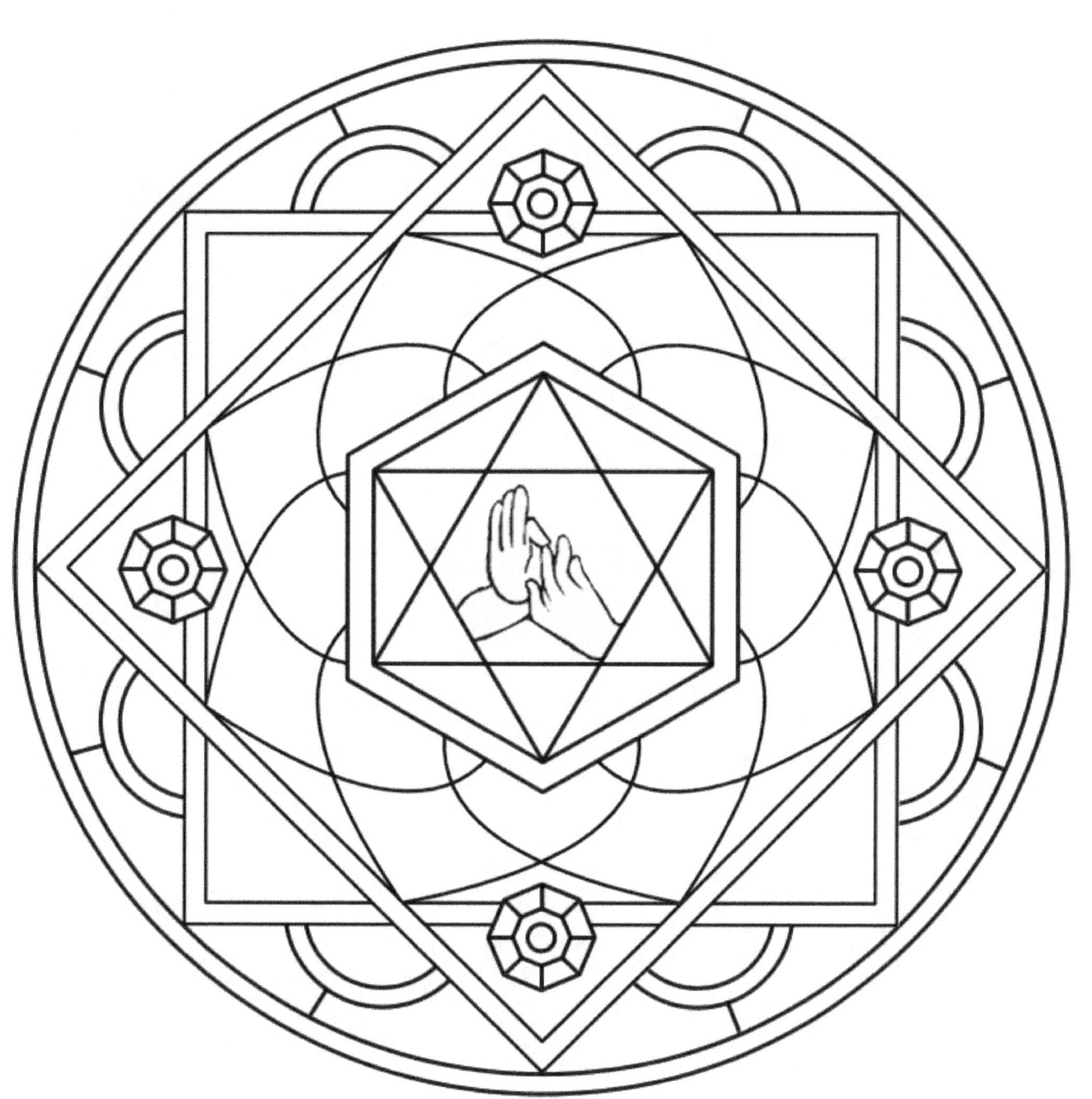

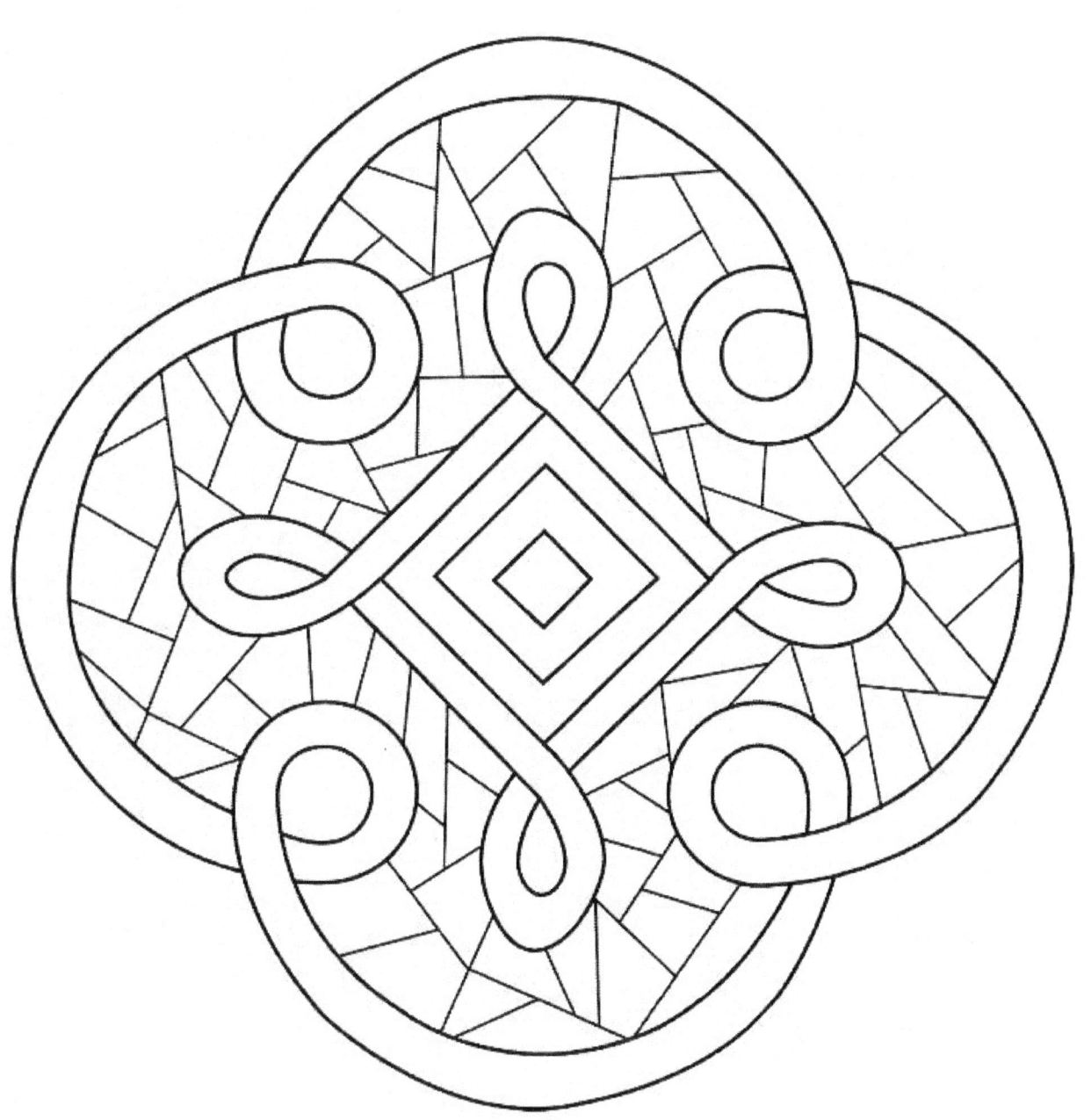

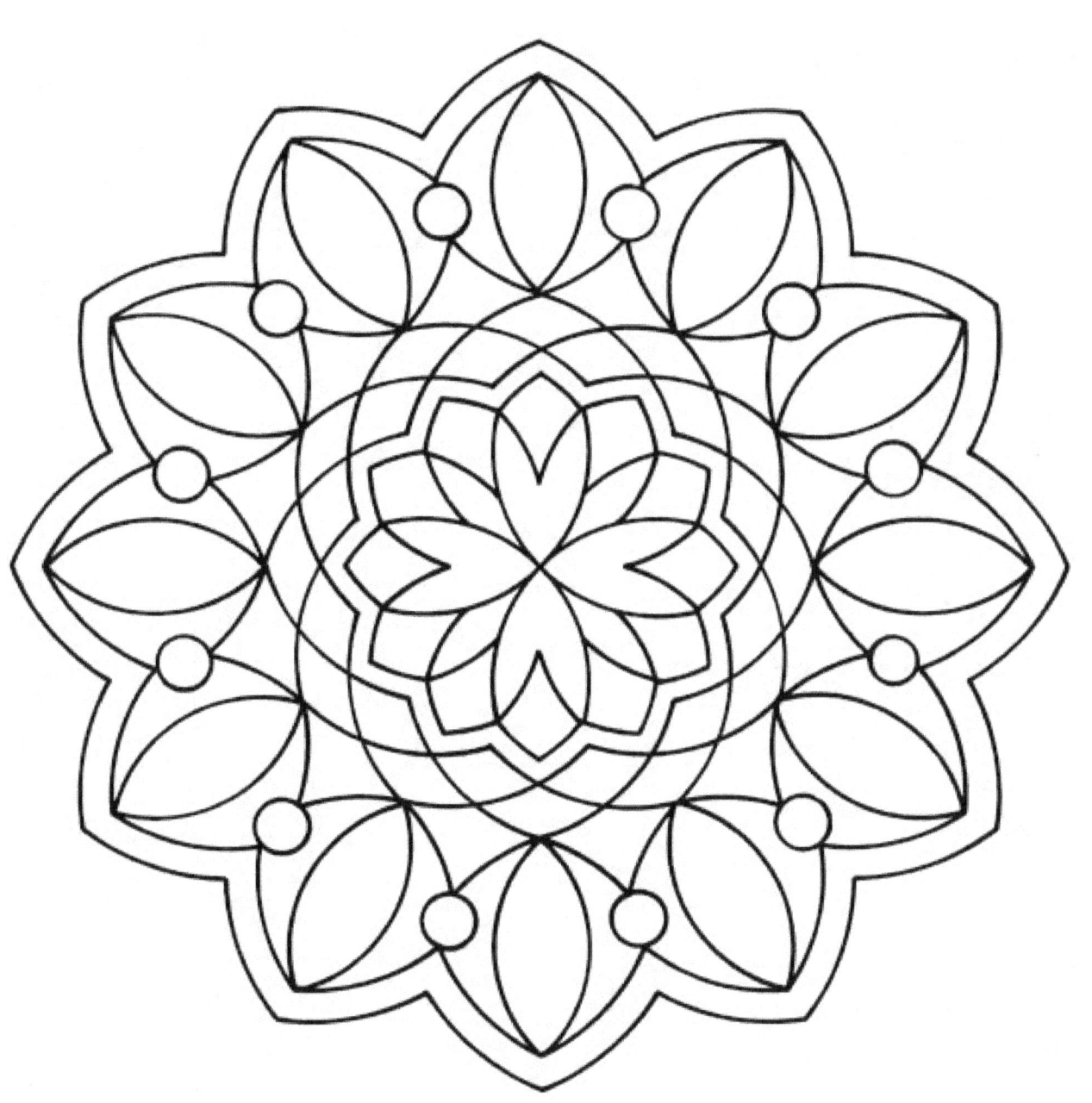

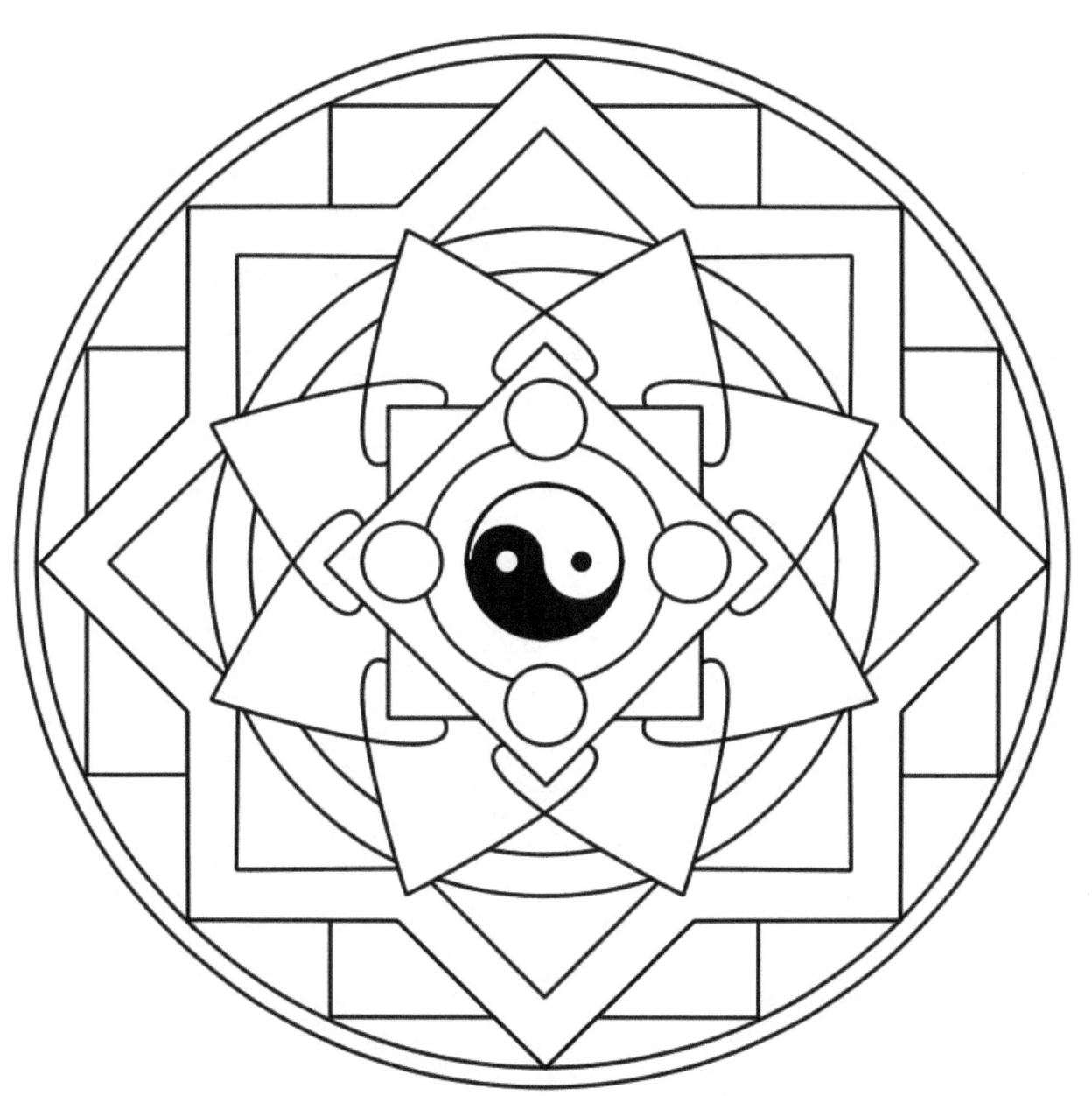

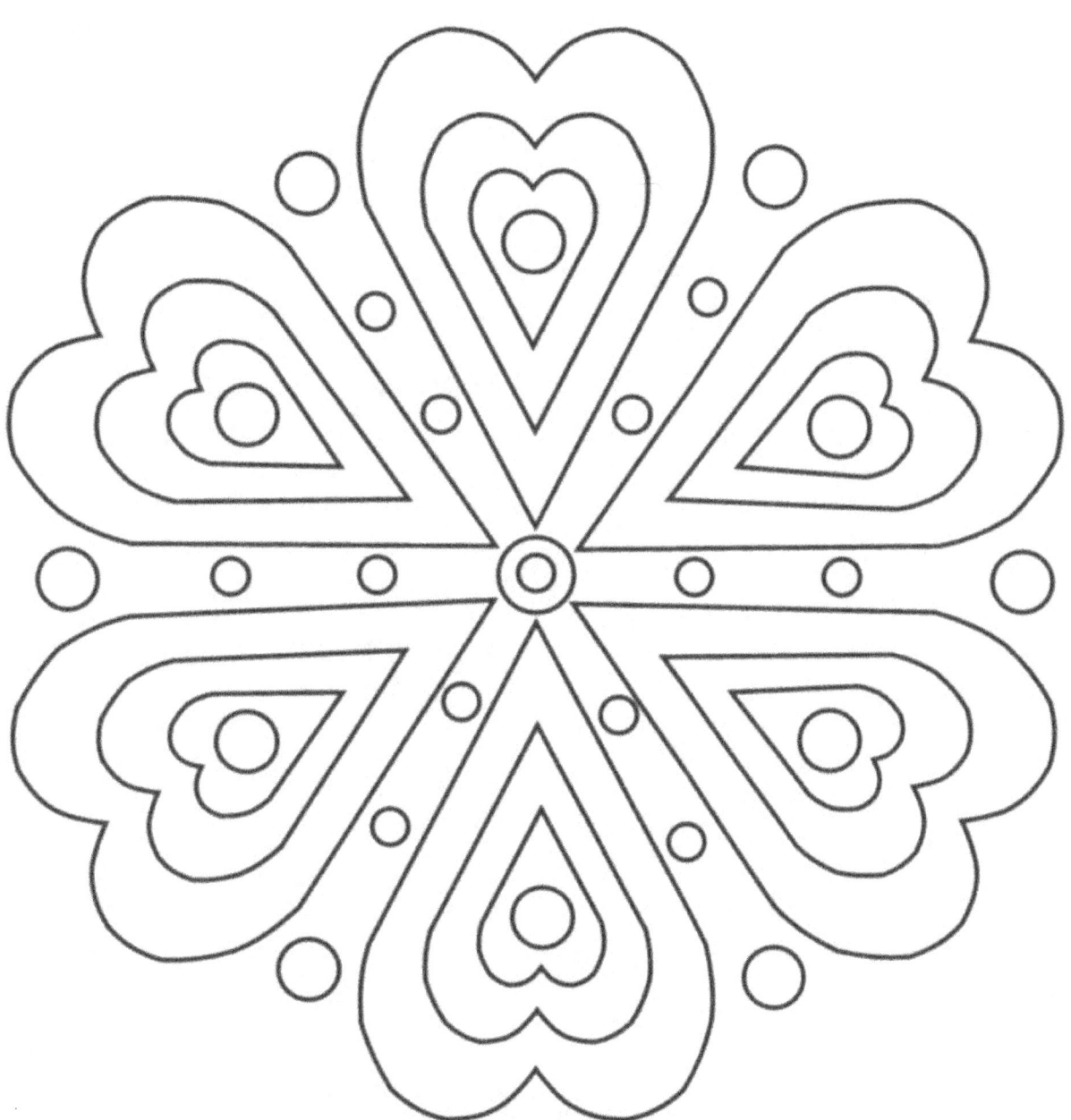

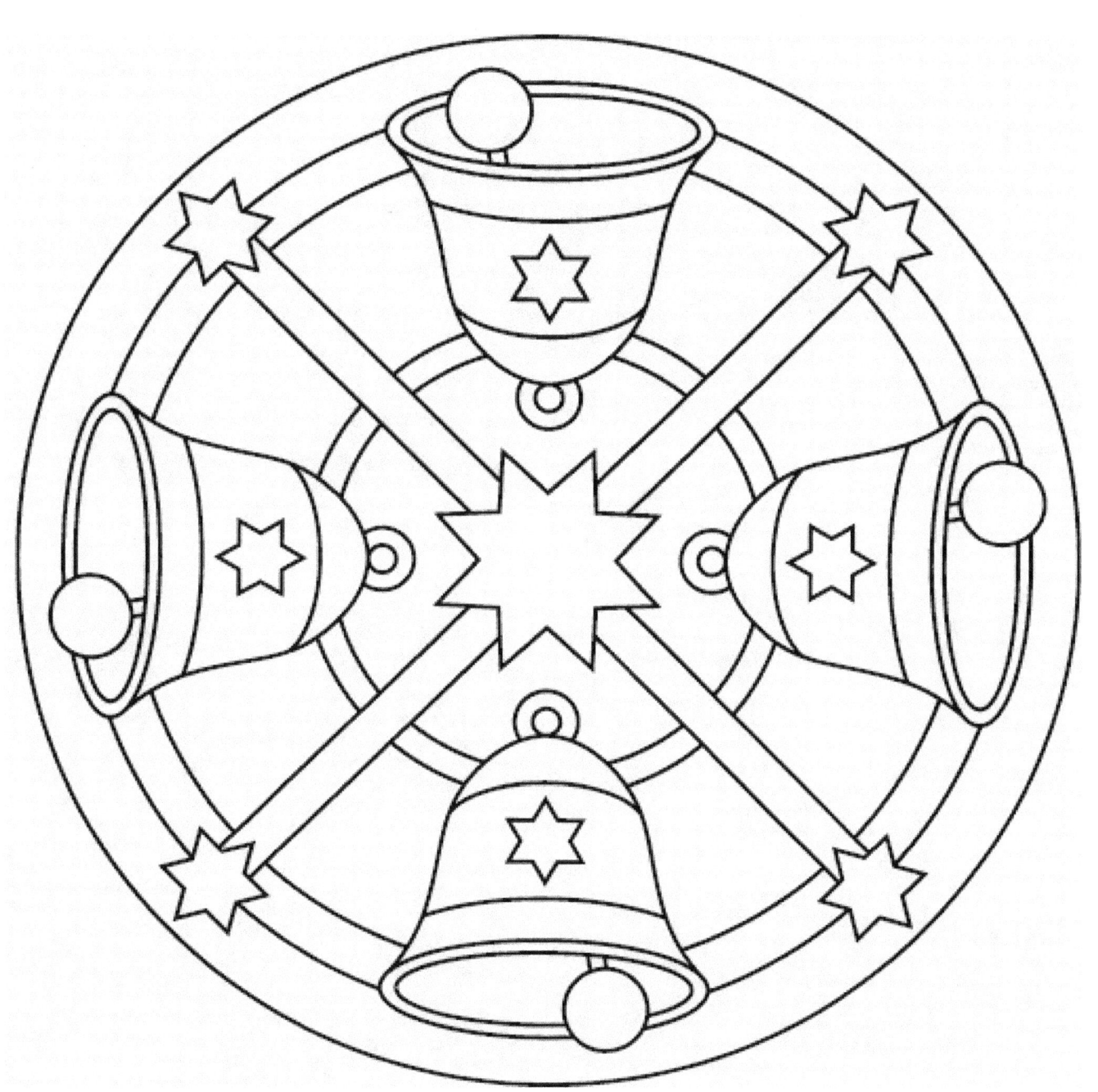

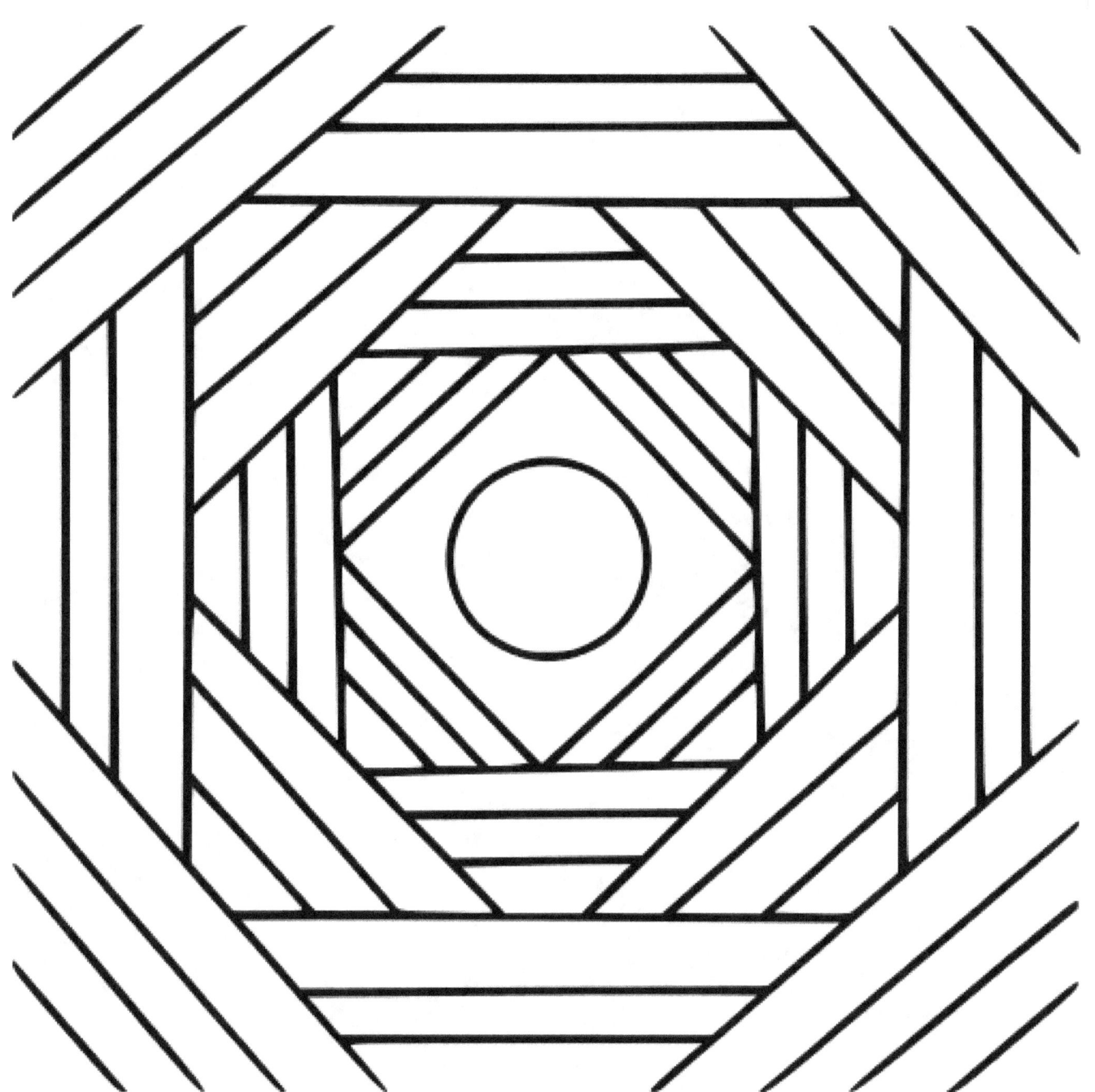

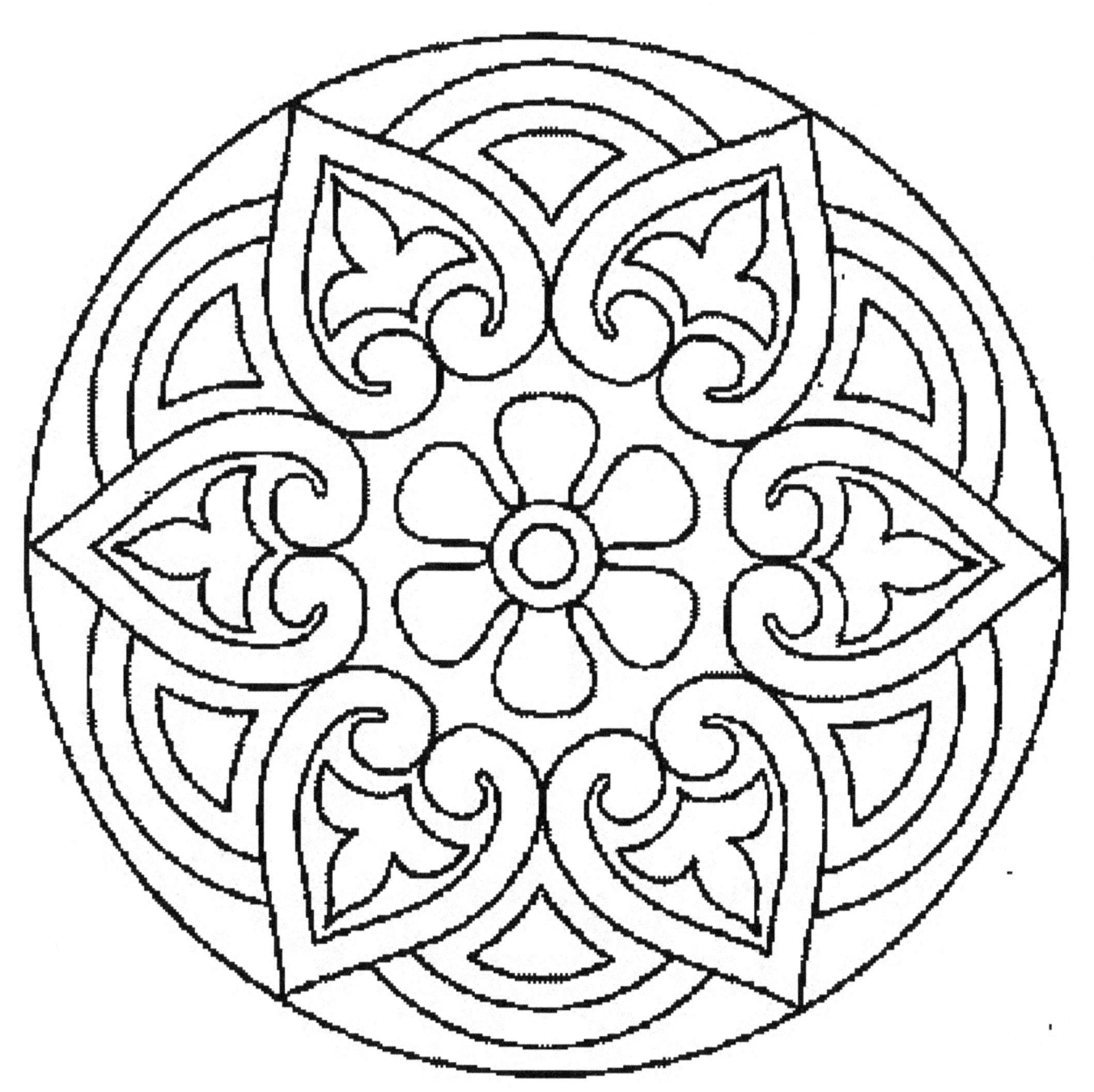

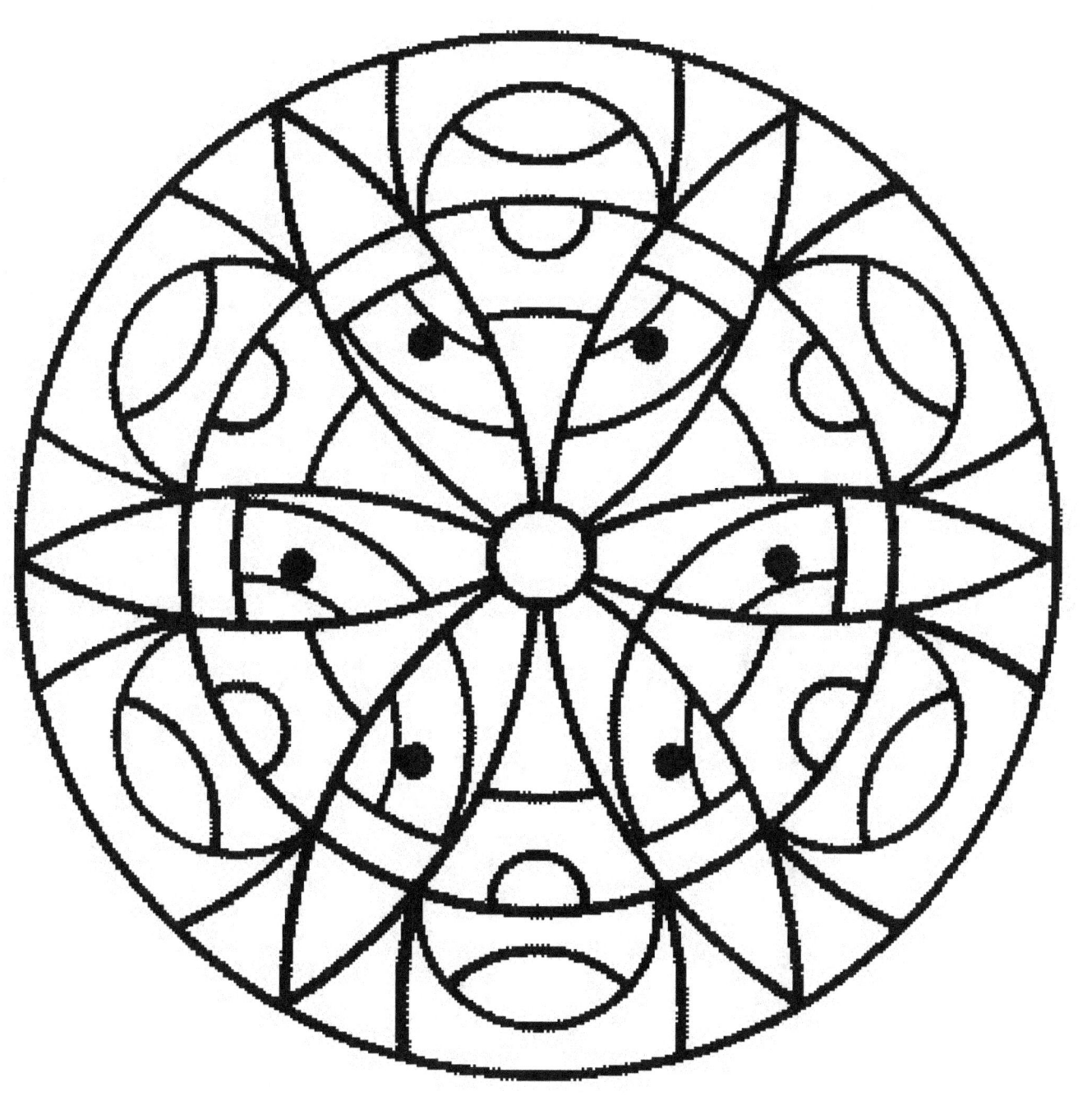

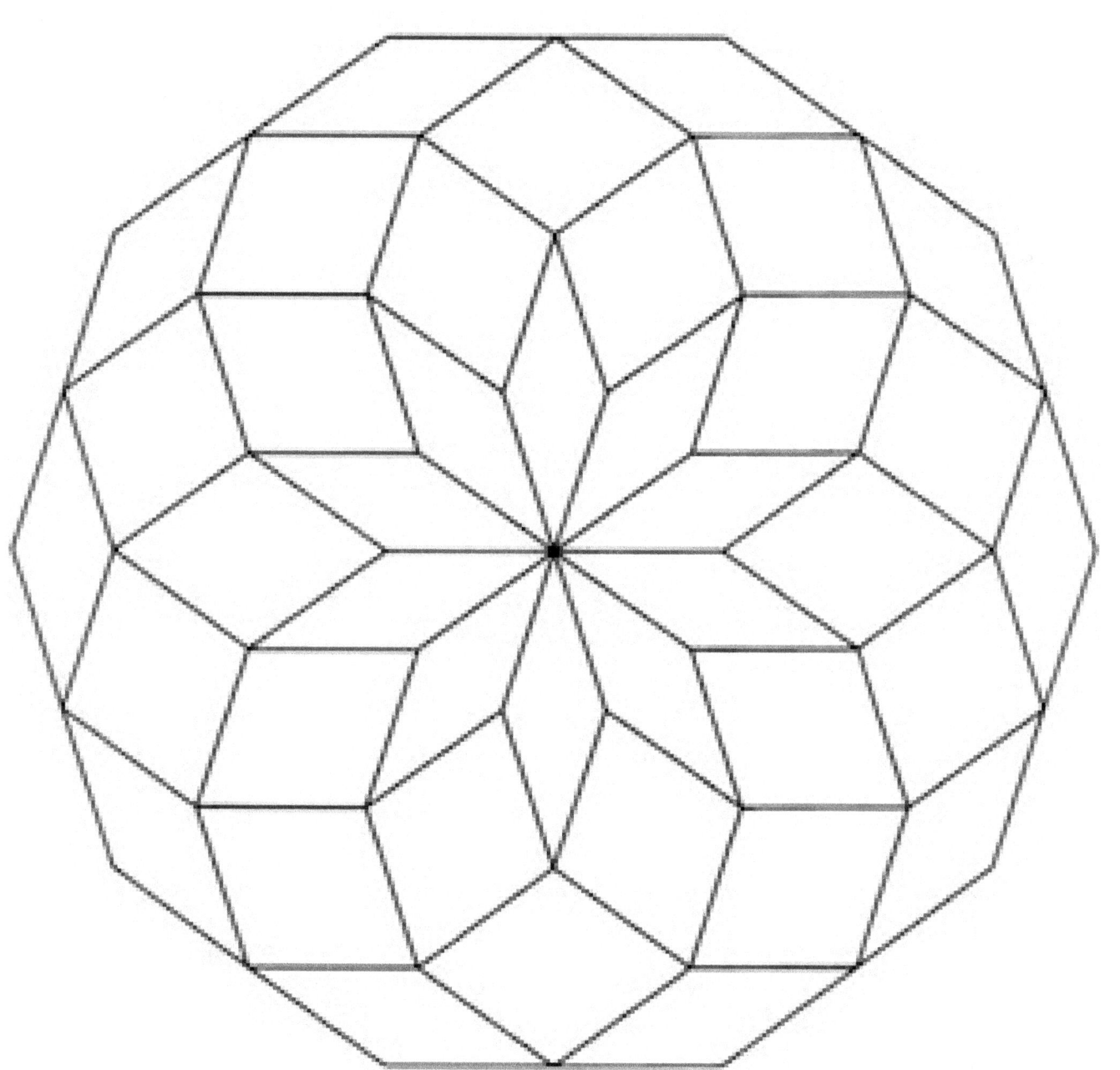